戰國策・雋永的說辭

鍾克昌・編撰

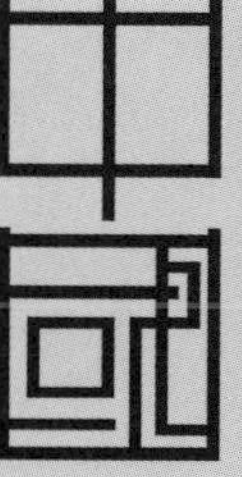

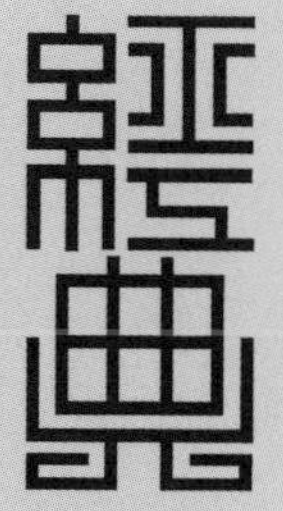

35

出版的話

時報文化出版的《中國歷代經典寶庫》已經陪大家走過三十多個年頭。無論是早期的紅底燙金精裝「典藏版」，還是50開大的「袖珍版」口袋書，或是25開的平裝「普及版」，都深得各層級讀者的喜愛，多年來不斷再版、複印、流傳。寶庫裡的典籍，也在時代的巨變洪流之中，擎著明燈，屹立不搖，引領莘莘學子走進經典殿堂。

這套經典寶庫能夠誕生，必須感謝許多幕後英雄。尤其是推手之一的高信疆先生，他秉持為中華文化傳承，為古代經典賦予新時代精神的使命，邀請五、六十位專家學者共同完成這套鉅作。二〇〇九年，高先生不幸辭世，今日重讀他的論述，仍讓人深深感受到他對中華文化的熱愛，以及他殷殷切切，不殫編務繁瑣而規劃的宏偉藍圖。他特別強調：

中國文化的基調，是傾向於人間的；是關心人生，參與人生，反映人生的。我們

的聖賢才智，歷代著述，大多圍繞著一個主題：治亂興廢與世道人心。無論是春秋戰國的諸子哲學，漢魏各家的傳經事業，韓柳歐蘇的道德文章，程朱陸王的心性義理；無論是貴族屈原的憂患獨歎，樵夫惠能的頓悟眾生；無論是先民傳唱的詩歌、戲曲，村里講談的平話、小說……等等種種，隨時都洋溢著那樣強烈的平民性格、鄉土芬芳，以及它那無所不備的人倫大愛；一種對平凡事物的尊敬，對社會家國的情懷，對蒼生萬有的期待，激盪交融，相互輝耀，繽紛燦爛的造成了中國。平易近人、博大久遠的中國。

可是，生為這一個文化傳承者的現代中國人，對於這樣一個親民愛人、胸懷天下的文明，這樣一個塑造了我們、呵護了我們幾千年的文化母體，可有多少認識？多少理解？又有多少接觸的機會，把握的可能呢？

參與這套書的編撰者多達五、六十位專家學者，大家當年都是滿懷理想與抱負的有志之士，他們努力將經典活潑化、趣味化、生活化、平民化，為的就是讓更多的青年能夠了解繽紛燦爛的中國文化。過去三十多年的歲月裡，大多數的參與者都還在文化界或學術領域發光發熱，許多學者更是當今獨當一面的俊彥。

三十年後，《中國歷代經典寶庫》也進入數位化的時代。我們重新掃描原著，針對時

代需求與讀者喜好進行大幅度修訂與編排。在張水金先生的協助之下，我們就原來的六十多冊書種，精挑出最具代表性的四十種，並增編《大學中庸》和《易經》，使寶庫的體系更加完整。這四十二種經典涵蓋經史子集，並以文學與經史兩大類別和朝代為經緯編綴而成，進一步貫穿我國歷史文化發展的脈絡。在出版順序上，首先推出文學類的典籍，依序有詩詞、奇幻、小說、傳奇、戲曲等。這類文學作品相對簡單，有趣易讀，適合做為一般讀者（特別是青少年）的入門書；接著推出四書五經、諸子百家、史書、佛學等等，引導讀者進入經典殿堂。

在體例上也力求統整，尤其針對詩詞類做全新的整編。古詩詞裡有許多古代用語，需用現代語言翻譯，我們特別將原詩詞和語譯排列成上下欄，便於迅速掌握全詩的意旨；並在生難字詞旁邊加上國語注音，讓讀者在朗讀中體會古詩詞之美。目前全世界風行華語學習，為了讓經典寶庫躍上國際舞台，我們更在國語注音下面加入漢語拼音，希望有華語處，就有經典寶庫的蹤影。

《中國歷代經典寶庫》從一個構想開始，已然開花、結果。在傳承的同時，我們也順應時代潮流做了修訂與創新，讓現代與傳統永遠相互輝映。

時報出版編輯部

【導讀】

縱橫天下說奇謀

鍾克昌

虛撥一下弓弦，只憑音響，就能叫飛雁掉下來；您相信這等事情嗎？且看看本書〈驚弓之鳥〉一則的描述吧！戰國時代風雲人物的特技還不只這些呢？他們只要輕耍一下嘴皮，整個國際現勢就被扭轉了。《戰國策》一書，就是許許多多三寸不爛之舌的展覽會。您要知道他們如何在戰爭頻仍的軍國主義夾縫中左右時局嗎？這本改寫過的《戰國策》，去掉了冗長的論難以及重複的情勢，更能夠情趣盎然地浮現出朵朵蓮花。

戰國繼春秋之後，即東周後半期加上東周滅亡（西元前二五六年）後的三十四年，至秦王政二十六（西元前二二一）年統一中國為止。有關戰國時代的起始年份，學術界猶有不同看法：有人以《史記．六國年表》始於周元王元（西元前四七五）年，故訂此年為戰國之始；有人則根據《資治通鑑》所載，以周威烈王二十三（西元前四〇三）年，韓、

趙、魏「三家分晉」，封建秩序被破壞作為戰國時代的開始。當時列國戰爭的形式，已由春秋時代盛行的車戰，轉而以步兵、騎兵為主的戰術，故戰爭的空間大為擴展，時間因而延長，兵員也為之增多；攻城掠地，殺敵滅國是其目的，戰爭的慘烈遠超過春秋的爭霸戰。

戰國是一個動亂的時代，凶殘戰禍摧毀了舊物，知識份子在無可奈何、任人宰割的情況中，唯有挺身而出，勇敢地面對現實，否則就只有沉淪。於是諸子爭鳴，以悲劇英雄自居，為生民立命，遂造成了戰國學術的蓬勃。另有一幫好漢，卻在現實的功利漩渦中打轉，鼓起舌劍脣槍，或者討生活、成人之惡、覓金玉錦繡、取卿相之尊；或者討公道、成人之美、倡和平弭戰禍、為人排難解紛。這幫策士長於度察天下大事，而出之以引人入勝的妙喻，出之以動人心脾的危辭，審辨直捷、利害明晰地聳動人主，改變世局。這種勇往直前的個人主義，正是專制集權的反響；雖則大多悲劇收場，卻有過燦爛。有心人輾轉摩繪那朵朵奇葩，日積月累，終至集結如演義、如傳奇。這種策士辯詞的輯本，就是《戰國策》。

《戰國策》自非一時一地一人之作，初為戰國時期各國史官或策士輯錄而成，鈔本多種，名稱紛歧。西漢時猶有《國策》、《國事》、《事語》、《短長》、《長書》、《修書》等異稱；內容編排亦多所出入，又或兼及楚、漢之爭。到了西漢末葉，劉向奉命校錄群

書，見其錯亂相雜，乃按照東周、西周㊟、秦、齊、楚、趙、魏、韓、燕、宋、衛、中山等十二國順序，刪去重複者，編訂為三十三卷，共四百八十六章，始正名為《戰國策》。《戰國策》本身不是正史，卻是研究戰國時代的重要史料，其記事上起周貞定王十六（西元前四五三）年，下至秦二世元（西元前二〇九）年。太史公作《史記》，多採其說；但與今本《戰國策》不盡相同，因為司馬遷寫《史記》是在劉向輯錄之前。我們不能根據《史記》來修改《戰國策》，《戰國策》自是《戰國策》；司馬遷所運用的戰國史料，也不是第一手的，秦始皇早就把列國史書燒掉了。《戰國策》的可愛，在於機智的言談，它的集結，本就為了揣摩辯說；而幾經潤澤的優美文辭，更是兩千年來散文家習作的範本。這一改寫本，固然以趣味為主，也希望是今天可讀性極高的文學作品。

現今的國際情勢，可以稱做戰國時代嗎？像魯？像周？誰秦？誰楚？我常常這麼想。那曾一度紅得發紫，主導美國政府對華政策的美籍猶太人季辛吉（Henry Alfred Kissinger，一九二三～），是蘇秦，抑或張儀？把《戰國策》人物一分析，沒有一個近似。原來現在仍是「春秋」時代，雖追逐個人權勢，見利而忘義，國籍仍分明，人人猶站在自己國家的立場講話，猶為自己的民族設想。可嘆若干國人倒有幾分急先鋒，跑在時代的尖端，已經邁入戰國時代，寧願寄跡異族，只為了一己短暫的榮華權勢。

戰國時代固然功利主義盛行，而正人君子亦比比皆是。本來，古今中外時時有黑暗，

地地皆汙濁，都靠著一些「明磬」的投注，多多少少澄清了混亂；都靠著一些「木鐸」的呼籲，陸陸續續扭正了邪說。而戰國時代，以殺戮為能事，罔顧民命，自是神州一大浩劫，亦幸賴志士仁人的奮鬥，使民族文化更形蓬勃發展。諸如儒、墨、道、名、法諸家，皆一本悲天憫人的心懷力挽狂瀾；他們的思想雖被縱橫策士棄如敝屣，卻振作支撐了廣泛的社會民心，使人們在無辜的殺戮中猶得光明與溫暖。別忘了，《戰國策》是縱橫家集體創作的輯本；別忘了，身繫民族命脈、闡揚民族文化的聖哲，都被有意地墊了底，或者草草上場，或者隻字不提。本來「道」就不同，所以孔門弟子只出現曾參而被訛傳殺人，所以莊周至人而無一語，所以屈原忠國而不見跡，所以孟子善辯而僅載一詞，所以荀子一出而見黜，所以韓非說難而被誅，唯獨墨子非攻卻見效。讀《戰國策》，可別忘了，戰國時代除了和縱橫家較投合的陰陽與名家外，還有許許多多的中流砥柱哪！

我們的生命，都經歷過戰國時代；如今，又即將面臨大戰國時代。生命，是時間的延續，加上細胞基因的傳遞。您能否定您的祖先不是穿越戰國兩百多年的時間隧道而來的嗎？您我身上所負荷的生命，就是先人打從戰國時代滾過來的；即使是戰國後注入中土的新生命，也飽嘗了戰國時代學術花果的滋養，也雜配有戰國時代已存在過的生命的基因。我們祖先所談論過的、所聽聞過的、所讚歎過的、所惋惜過的言辭，如今也仍在我們生命的暗流中激盪的言辭，我們要是重溫，豈不是可以喚醒古老的記憶？那猶如看一張已發黃

的照片，猶如看一則早年的日記，過去的種種經驗即刻打從潛意識裏映現。智慧是經驗的累積，「我」已活了多久，端看記憶了多久；「我」能否在現世有意義地存在，端看智慧有多少；「我」將繼續留存於萬萬世，要是能承先以啟後。除了吸收異族日日新的科技，努力汲取自己先人智慧的結晶，才是啟後的資本。有緣接觸這套經典寶庫的朋友們！為了您的高瞻遠矚，賞心之餘，別忘了更上一層樓，別忘了我們即將面臨的大戰國時代。

㊟《戰國策》所指稱的東周與西周，是戰國時代兩個名義上稱「周」，實際上卻連小國也不如的政權。周赧王時，東、西周分治，東周國建都於鞏（今河南鞏義市西南），西周國建都於王城（今河南洛陽市西）。

〔凡例〕

一、本書所用底本，是清嘉慶八（西元一八〇三）年黃丕烈刊刻的南宋「姚宏續注本」（簡稱姚本）《戰國策》，加上日人橫田惟孝的《戰國策正解》。

二、今本《戰國策》，是西漢劉向編訂的三十三卷，本書亦以此為限。《史記》述戰國事，雖多精采，亦不敢挪用。一九七三年，長沙馬王堆三號墓出土的帛書中，有戰國縱橫家著作二十七篇，其中十一篇內容見於今本《戰國策》和《史記》，對於舊有文獻之校勘，頗具價值；但另十六篇為佚文，故不予參照。

三、原書姚本共四百八十六章，今改寫一百五十章。長篇大論以分析天下形勢者少錄，唯擇文辭較優美者以見一斑。其餘所錄，多屬機趣橫生、引人入勝之論難辯詰，自是妙喻妙語，耐人咀嚼。

四、本書編排，突破國別，特意強調戰國時代的個人主義，每章一主角，同一人物諸章前後相續；而人物的先後，則以第一事件的年代為序。

五、《戰國策》不是歷史書，故改寫本不連貫史實；但為顧及時間觀念，除編排上以年代為序外，行文間務必標明各王諡（ㄕˋ shì）號，並夾注以西元前幾年。所用年代，參考于鬯（ㄔㄤˋ chàng）所著《戰國策年表》。

六、本書每章標題，皆經錘鍊而成四字，務求涵蓋章旨。為便於查照原書，另於目錄下注明「姚宏本」次第及原文首句的標題。

七、對話是《戰國策》精髓所在，改寫時特別留意虛字，盡量保持原有語氣，以期傳達情與貌；而敘述非《戰國策》所長，尚須稍作調整，力求其生動，但不擄他書擅增情節。

戰國策◆雋永的說辭

目次

縱橫天下說奇謀

類同竊疾

公輸般為楚人製造兵器，準備用來攻打宋國。墨子得到這個消息，趕緊徒步邁向楚國，跋涉了萬里路，走得腳底都長繭（ㄐㄧㄢˇ jiǎn）。墨子來到楚國，就去找公輸般說：「我在宋國久仰大名，今天特地來禮聘你，要借重你的能耐去謀殺宋王。」

「我是講道義的人，我根本就不殺人，怎麼會去幹謀殺宋王的差事呢！」公輸般頗為疑惑。

「聽說你正在大展身手，為楚人製造雲梯等兵器，準備用來攻打宋國。究竟宋國有什麼罪呢？在道義上不肯謀殺宋王，卻肯幫人家攻打宋國，這就是說你不肯殺少數人而喜歡殺多數人咯（˙ㄌㄛ ·lo）！請問攻打宋國，這究竟算哪門子道義？」墨子說。

公輸般被說得臉紅紅的，很不好意思地說：「但是攻城器械已經造好，楚人正在加緊操練，怎麼辦呢？」

「不要緊，你只要帶我去見楚王，就不會變成劊（ㄎㄨㄞˋ kuài）子手了。」墨子說。

於是公輸般陪墨子去晉見楚惠王。墨子對楚王說：「假如有這麼一個人，不要自己畫有文彩的車子，鄰居有輛破車，反而想去偷竊；不要自己的錦繡美服，鄰居有件粗布短襖，反而想去偷竊；不要自己的好米好肉，鄰居有些酒糟（ㄗㄠ zāo）米糠，反而想去偷竊：請問這是什麼樣的人？」

「這一定是有偷竊癖（ㄆㄧˇ pǐ）的人。」楚惠王回答。

墨子又說：「楚國的土地有五千里方圓，宋國僅僅五百里；這就猶如彩車和破車相比一般。楚國有雲、夢沼澤，充滿了犀牛、野牛和麋鹿，長江、漢水出產的魚、鱉（ㄅㄧㄝ biē）、黿（ㄩㄢˊ yuán）、鼉（ㄊㄨㄛˊ tuó）更是富饒，而宋國卻是一個連野雞、兔子、鯽（ㄐㄧˋ jì）魚都沒有的貧瘠之地；這就好像米肉和糟糠相比一般。楚國有長松、文梓（ㄗˇ zǐ）、楩（ㄆㄧㄢˊ pián）、楠、豫樟，而宋國卻沒有高大的樹木；這就好像錦繡和粗布短襖（ㄠˇ ǎo）相比一般。我不知大王要派出去攻打宋國的那些人，是不是都跟那個染上偷竊癖的人同類呢？」

楚惠王說：「好！好！我們就不要攻打宋國吧！」

無功之賞

智伯贈送給衛悼公四百匹駿馬和白璧一雙。衛悼公高興極了，群臣也都來道賀。偏偏南文子面有憂色，衛悼公就問他說：「人家大國難得那麼高興，送給我大禮物，你卻愁眉苦臉的，是什麼意思呢？」

南文子說：「沒有功勞就得到賞賜，沒有出力就得到禮物，不能不仔細探究一下人家的用意。四百匹駿馬和一雙白璧，本來是小國送給大國的禮物，現在反而由大國送給小國。君王該考慮考慮！」

衛悼公就傳令邊境加強防禦措施。智伯果然派兵偷襲衛國，但到了衛國邊境就自動退兵了。智伯說：「衛國有足智多謀的臣子，已經先知道我的謀略了。」

貪得無厭

智伯率領韓、趙、魏三家攻滅范氏和中行氏以後，過了幾年，智伯又派人去向韓氏要土地（西元前四五五年）。韓康子不想給他，臣子段規就勸韓康子說：「不可以不給。智伯為人貪得無厭，而且生性殘忍剛愎（ㄅㄧˋ bì），來求地不給他，必定派兵攻打我們。主君應該給他土地，讓他嘗嘗甜頭。他養成了習慣，又將向別國要求割地；別國不聽從，他必然發兵攻打，如此韓國可以免掉災難而坐觀局勢的變化。」

韓康子接受段規的建議，派人進獻一個萬戶的縣邑給智伯。智伯得了土地很高興，又派人去向魏國要求土地（西元前四五五年）。魏桓子不想給，魏臣趙葭（ㄐㄧㄚ jiā）勸諫說：「智伯向韓求地，韓王給了；現在又向魏求地，假如魏不給的話，那就是魏國自恃強大。一旦激怒智伯，智伯必定發兵來懲罰我們的。還是給他吧！」

魏桓子無可奈何答應了，也派人送一個萬戶的縣邑給智伯。

智伯連連得地，非常高興，又派人向趙國要求蔡、皐（ㄍㄠ gāo）狼等地；趙襄子卻拒絕不給。於是智伯就跟韓、魏兩國締結密約，準備討伐趙國（西元前四五五年）。

趙襄子召見大臣張孟談，告訴他拒絕割地的事，並說：「智伯這個人很陰險，表面上跟你親熱，暗中卻在搞鬼。最近三次派專差到韓、魏去，都不讓我知道，大概就要發兵來攻打趙國了。現在我選哪個地方來防備比較好呢？」

張孟談說：「主君應該定居在晉陽，那是簡主（趙襄子的父親趙簡子）最賞識的大臣董閼（ㄜˋ è）安于刻意經營的地方，尹澤（趙臣）也模仿他的治績。現在他們的政教遺風還保存在那裡。」

「就這麼辦吧！」趙襄子說。

趙襄子就派延陵生率領戰車和騎兵先到晉陽去，隨後自己也帶文武朝臣趕到。趙襄子巡視了城郭，調查了府庫倉廩（ㄌㄧㄣˇ lǐn），就召見張孟談，說道：「這裡的城郭很堅固，府庫很充實，軍糧也夠吃，但是沒有箭，怎麼辦呢？」

「據我所知道的，當年董子治理晉陽，宮殿的圍牆是用荻（ㄉㄧˊ dí）、蒿（ㄏㄠ hāo）、楛（ㄏㄨˋ hù）、楚等木做成的，有的楛木高達丈餘，主君可以把它拆下來用。」張孟談回答。

於是就抽幾支木材來試試，堅硬的程度就是像箘簵（ㄐㄩㄣˋ ㄌㄨˋ jùn lù）那樣好的箭竹也比不過。

「箭是夠了，但是銅卻很少，這該怎麼辦？」趙襄子又問。

「據我所知，董子治理晉陽時，宮殿都是用鍊過的銅做柱腳，把它拿出來用就用不完了。」張孟談回答。

「董子準備得很周到。」趙襄子說。

當趙襄子的號令妥當，防禦的武器也完備了，智伯和韓、魏的聯軍才開到晉陽城。兩方展開惡鬥，經過三個月之久，晉陽還是安然無恙。三國聯軍改採包圍戰術，從四面八方包圍晉陽城（西元前四五四年），並潰（ㄎㄨㄟˋ kuì）決晉水灌淹晉陽（西元前四五三年）。晉陽被包圍的第三年，城內人都在樹上搭房子住，把鍋吊在樹上做飯。當軍資糧餉快用完，士卒都疲憊不堪的時候，趙襄子信心動搖了，就找張孟談商量道：「到了這種地步，看樣子無法守住晉陽，我想投降算了。你看怎麼樣？」

張孟談說：「我聽說過：『國家將要滅亡而不能保存它，發生危險而不能安定它，就用不著禮遇才智之士了。』請主君丟掉這個念頭，不要再說了，先讓我去晉見韓、魏兩國的君主。」

趙襄子答應了。張孟談於是悄悄去見韓、魏兩國的君主，遊說道：「我聽說：『嘴脣

掀掉了，牙齒就會寒冷。』現在智伯帶頭指揮兩位主君伐趙，趙國馬上就要滅亡，下一次滅亡的將是二位主君。」

韓、魏兩國君說：「我們也知道會這樣。智伯的為人殘暴不仁，要是我們的計謀先被他識破，那必然會大禍臨頭的。你看要怎麼辦呢？」

「計謀出自兩位主君的金口，只進入我的耳朵，別人不會知道的。」張孟談說。

韓、魏二國君就和張孟談暗中訂立三國軍事同盟，並約定當夜夾擊智伯。

張孟談回到晉陽向趙襄子報告後，趙襄子再三向他拜謝。

當張孟談會見韓、魏二國君以後，為免見疑，曾順道去朝見智伯，試探讓趙襄子投降的條件。孟談敷衍一番出來後，在轅門外遇見智過。智過趕緊進去見智伯說：「韓、魏二國君恐怕會叛變！」

「怎麼說呢？」智伯問。

「我剛在轅門外遇到張孟談，看他趾高氣揚，態度高傲。」智過回答。

「不會的。」智伯說：「我和二國君訂立密約，等滅趙以後要三分趙地。我對他們很親熱，他們一定不會欺騙我。你放心，不要再亂懷疑。」

智過不放心，跑去觀察韓、魏二國君。沒多久，又回來對智伯說：「我看韓、魏二國君意態臉色跟平常都不一樣，一定是想背叛主君，主君不如先下手為強。」

智伯說：「聯軍圍困晉陽已經三年，早晚就可攻陷而分享其利，竟然此時才要變心，這是不可能的，你不要再講了。」

「既不忍下手，那就要盡量親善他們。」智過又說。

「怎麼個親善法？」智伯問。

智過說：「魏君的謀臣叫做趙葭，韓君的謀臣叫做段規，這兩位都能影響君主的決策。主君可以跟這兩位訂約，言明滅趙後，每人都封一個萬戶的大縣；這樣二國君的心可以不變，而主君也才可能達到願望。」

智伯說：「辦不到！滅趙以後既然三分其地了，又叫我分封兩個萬戶的大縣，剩下來我能得到的太少了。」

智過一看智伯不採納他的意見，苦勸也不聽，就趕緊離開智伯，改姓為「輔氏」，逃得遠遠的，不再見面了。

張孟談得到智過潛逃的消息，就去向趙襄子報告說：「那個智過遇到我的時候，帶著懷疑的眼神瞪我。一定是智伯沒採信他的疑慮，才改姓出奔來感悟智伯的。今晚要是不出擊，就要比智伯慢一步了。」

趙襄子再派張孟談去見韓、魏二國君，約定當夜殺掉把守河堤的士兵，決堤反灌智伯軍營。當夜韓、魏果然掘開河堤，倒灌智伯軍營。智伯軍為了救水而大亂，韓、魏兩軍又從旁夾攻，於是趙襄子率領精銳迎面直撲，大敗智伯軍，生擒了智伯。

智伯身被殺戮（ㄌㄨˋ lù），國被滅亡，地被瓜分，遭受天下諸侯的譏笑，這是因為他貪得無厭呀！不聽從智過的計謀，也是招致滅亡的關鍵之一。智氏宗族都被滅絕，唯獨輔氏流傳於世。

眩得忽禍

智伯率領韓、魏二國軍隊攻打趙國，包圍了晉陽，並引水灌城，只差六尺就要把城淹沒了（西元前四五三年）。郄疵（ㄒㄧˋ ㄘ xì cī）卻對智伯進言道：「韓、魏二國快要叛變了。」

「怎麼知道呢？」智伯反問。

「從人事上可以推知。」郄疵回答道：「主君率領韓、魏攻打趙國，趙國一旦滅亡，下次的災難豈不是就輪到韓、魏頭上？現在晉陽只差六尺就要整個淹沒，連石臼和爐灶都長了青蛙，城內無糧，已經在吃馬肉、人肉了。眼見晉陽已支持不住，快要投降，不久三國就可依約均分趙地；然而韓、魏二君不但沒有喜色，反而有憂愁的表情。這不是正準備反叛是什麼？」

第二天，智伯請來韓、魏二國君，向他們說：「哈哈！郄疵竟然說兩位就要背棄盟約。」

韓、魏兩國君趕緊辯解說：「滅趙後可以三分其地，現在晉陽城馬上就可攻取，我們兩家再愚蠢，也不會放棄眼前的甜頭，去幹那種違背盟約，既危險又不能成功的事。很可能是郄疵在替趙國工作，叫主君懷疑我們兩個，從而瓦解攻趙的盟約。要是主君竟聽信奸臣的讒（ㄔㄢˊ chán）言，疏離了我們的交情，那真是替主君感到惋惜。」

韓、魏二國君說完話就快步離開，不願多逗留。

一會兒，郄疵氣呼呼跑進來向智伯說：「主君何苦把我的話告訴韓、魏二君呢？」

「你怎麼知道的？」智伯反問。

「韓、魏二君從來不把我看在眼內的，剛才卻正眼看了我一下；怕我留住他們，又走得好快。」郄疵回答。

郄疵知道自己的話不會被採納，就討個去齊國的差事；智伯樂得把他遣走，以便安撫韓、魏二國君。

不久，韓、魏二國君果然反叛了。

樂羊啜（ㄔㄨㄛˋ chuò）羹

魏將樂羊攻打中山（西元前四三二年），他的兒子卻在中山。於是中山王就烹殺樂羊的兒子，然後送一點肉羹給他。樂羊坐在帳幕下一口氣把肉羹喝光了。魏文侯對睹師贊說：「樂羊為我的緣故，竟吞下自己兒子的肉。」

「連自己兒子的肉都吃了，還有誰的肉不吃呢！」睹師贊說。

樂羊終於攻下中山，凱旋回國（西元前四三〇年）。魏文侯雖獎賞他的戰功，卻不怎麼信任他了。

擊衣報仇

韓、趙、魏三家既瓜分了智伯的土地（西元前四五三年），趙襄子還是恨透智伯，竟把智伯的頭蓋骨拿來當酒壺。智伯有個臣子叫做豫讓，他本來躲到山裡頭的，聽到趙襄子凌虐智伯遺骸的事，非常憤慨，自言自語地念著：「唉！志節之士該為賞識自己的人而犧牲，賢淑女子要為喜歡自己的人而化妝。我該為智伯復仇！」

豫讓下得山來，便隱姓埋名，化裝成受過刑的罪人，潛伏到王宮裡服勞役。有一天趙襄子上廁所，忽覺心跳不正常，便下令把附近的人抓來盤問，原來那是豫讓在粉刷廁所，刷牆壁的鏝刀磨得很尖銳。豫讓看看事已敗露，咬牙切齒叫道：「我要替智伯復仇！」

左右的人要把豫讓殺掉，趙襄子卻說：「這是個俠義之士，我只要小心躲開他就是

了。智伯死後沒有留下子孫，卻難得豫讓還肯來替他復仇，可見這是位天下最有氣節的賢士。」

趙襄子竟然釋放了豫讓。

豫讓臨走時毅然宣言要復仇到底。

有一天，豫讓的老家來了一個痲瘋乞丐，鬍鬚眉毛都脫光了，樣子像蟾蜍（ㄔㄢˊ ㄔㄨˊ chán chú）。這個乞丐纏著豫讓的妻子，竟登堂入室，要飯要菜要茶水，賴著不走。豫讓的妻子很驚慌，不知怎麼辦才好。後來她想起一件事，回頭偷偷跟家人說：「奇怪！乞丐的聲調怎麼很像豫讓呢？」

「本來就是嘛！」乞丐聽了樂得叫起來。

原來這個乞丐就是豫讓的變形。他渾身塗了漆，才顯得那樣邋遢（ㄌㄚˊ ·ㄊㄚ lá ·ta）；又剃光了鬍鬚眉毛，經過一番徹底的毀容，難怪連妻子都認不得了。

豫讓在家裡又吞服了許多炭末，聲音也變沙啞了。

有一個知情的朋友向他說：「你這種方法很難成功。說你有志氣還可以；如果說你聰明，那就錯了。憑著你的才能，好好去侍奉趙襄子，他必然會重用你、親近你；等你能夠親近了，再去實現計劃，還怕不能成功嗎？」

豫讓聽了這個妙計，竟然笑了笑說：「你說的意思就是：為早先的知己去報復後來的知己，為舊君而賊害新君。大大敗壞君臣大義的，再沒有比這個辦法更可惡的了。今天我所以要這樣做，就是為了闡明君臣大義，並不計較報仇的順利與否呀！既然已經委身做了人家的臣子，卻又陰謀刺殺人家，這就是懷著兩顆心去侍奉君主。我所做的雖然比較難成功，也可以使那些為人臣卻懷著兩樣心思的人羞愧哪！」

趙襄子常常出外巡視，有一次巡行到一座橋邊，拉車的馬忽然驚叫起來。襄子斷定有人想行刺，立刻說：「這一定是豫讓。」

經過一番搜索，在橋下找到一個痲瘋乞丐，身懷利刃，手持長矛，卻毫不抵抗地就被帶上來了。問他姓名，果然是豫讓。

襄子很不高興，當面數落（ㄕㄨˇ ·ㄌㄨㄛ shǔ ·luo）豫讓說：「你不是曾侍奉過范氏和中行氏嗎？智伯滅了范氏和中行氏，你不但不替他們報仇，反而委身去侍奉智伯。如今智伯已死了三十年，你為什麼單單這樣頑固地要替他報仇呢？」

豫讓回答說：「當我侍奉范氏和中行氏時，他們只把我當作普通人看待，所以我就用普通人的態度報答他們；而智伯把我當作國士看待，所以我要用國士的態度報答智伯。」

趙襄子長嘆一聲，哽咽（ㄍㄥˇ ㄧㄝˋ gěng yè）著，憐惜地說：「唉！豫讓呵！你為智伯報仇，已經使你成為忠臣義士；我曾放過你，也很對得起你了。你自己打算吧！我不能再釋放你咯！」

襄子就任隨衛隊把豫讓包圍住。豫讓高聲說：「我聽說：明主不掩蓋人家的義行，忠臣不愛惜生命而造就了名節。主君以前已經寬恕過我，天下沒有不為此而稱讚主君賢明的。今天的事，我該當受刑；不過要是能先得到主君的衣服來擊刺幾下，那麼我死後就沒有遺憾啦！這不是我可以要求的，只不過是冒昧表達私心罷了！」

趙襄子認為豫讓很夠義氣，為了憐惜他，就脫下自己的衣服，讓侍臣交給豫讓。豫讓接過手，拔出劍來，蹦躍了三下，一邊喊著天呀天呀，一邊擊刺襄子的衣服。隨著衣服的破爛，豫讓也突然洩了氣似的，神情頓顯蕭索，微弱地自語著：「勉強算做報答智伯了！」豫讓說完了話，就自刎（ㄨㄣˇ wěn）而死（西元前四二五年）。

豫讓為智伯報仇的故事傳開後，趙國的忠義之士都被感動得掉眼淚。

君聾於官

魏文侯和老師田子方邊喝酒邊奏樂（西元前四〇三年）。文侯側著耳朵說：「鐘聲不協調吧！左邊的音高。」

田子方聽了笑笑。

魏文侯說：「老師笑什麼呢？」

「我聽說：『君主賢明就以治官為樂（ㄌㄜˋ lè），不賢明就以治音為樂（ㄌㄜˋ lè）。』現在君王既然如此善於分辨鐘聲，我就擔心君王在任用官吏上耳朵聾了。」田子方說。

「好的，我會牢記住老師的指教。」魏文侯恭敬地說。

虞人期獵

魏文侯和管理山川的虞人約好日期要去打獵（西元前四〇三年）。到了那一天，文侯在宮廷裡和賓客喝酒喝得很高興，外面又下著大雨。文侯看看時間不早了，剛要出去，左右侍臣問道：「今天君王喝酒正喝得高興，外面又下大雨，要到哪裡去呢？」

「我跟虞人約好要去打獵。現在雖然正在興頭，但怎麼可以不赴約呢？」魏文侯說。

於是魏文侯就到虞人那裡，親自取消打獵的事。

就因為文侯這樣守信，魏國從此就逐漸強盛。

白虹貫日

韓傀（ㄍㄨㄟ guī）雖是韓國的宰相，韓哀侯卻比較器重上卿嚴遂，以致兩人常發生衝突，互不相容。有一次在朝堂上開政務會議時，嚴遂不客氣地指摘韓傀的過失，韓傀忍不住，當場大聲責罵他。嚴遂竟拔出劍逼殺韓傀，好在被人勸解拉開了，才沒發生命案。嚴遂深恐為此而被誅戮，立刻逃亡國外，並到處訪求能夠替自己報仇的人。

嚴遂來到齊國，有人告訴他說：「軹（ㄓˇ zhǐ）城深井里有位勇敢的俠客，名叫做聶（ㄋㄧㄝˋ niè）政；他為了躲避仇人，隱居在這裡當屠夫。」

嚴遂若無其事地去接近聶政，和他做朋友，表現出最真摯的情意。但是，有一天聶政卻貿然問道：「你打算怎樣用我呢？」

嚴遂一下子答不出來，吞吞吐吐地說：「我跟先生交往的日子還很少，並沒什麼大不了的事，怎敢勞動先生呢！」後來嚴遂找個藉口擺設盛宴，請聶政的母親吃飯。席間嚴遂拿出黃金一百鎰（一ˋ yì），向聶政的母親祝壽。聶政大吃一驚，對於嚴遂的厚交更覺得奇怪。他一再向嚴遂辭謝，嚴遂卻堅決要送禮。

聶政板著臉說：「我有老母要奉養，因為家貧，才客居在外，以殺狗為業，以便早晚得到甘美香脆的食物孝養老母。既然奉養母親的飲食都有了，在情義上不敢再接受仲子（嚴遂字）的賞識。」

嚴仲子把聶政拉到一邊，躲開所有的人，悄悄地說：「我因為有仇人，才遊歷那麼多國家。一到齊國，聽說足下義氣過人，所以坦率奉上百金，作為老夫人粗茶淡飯的費用，想藉此得到足下的歡心。我哪裡敢有什麼請求呢？」

「我所以貶低志氣，折辱身分，隱居在這菜市場裡，只為了安安靜靜奉養老母。老母在世，我不敢把自己的身體答應給人家。」聶政說。

嚴仲子一再要送上壽禮，聶政始終不肯接受。仲子雖然對聶政失望了，還是禮節周到地盡了賓主之歡才告辭。

過了幾年，聶政的母親去世了。辦完喪禮，除去喪服以後，聶政自言自語說：「唉！我聶政只是一個菜市場的人，每天拿著刀殺狗賣肉，而嚴仲子乃是諸侯的卿相，竟千里迢迢枉屈車騎來到我家，不惜以高貴的身分和我做朋友。當時我對待他實在太冷淡了，我並沒什麼表現可以和他相配呀！那時嚴仲子竟然拿出百金向我母親祝壽，我雖然沒有接受，但他總算是真正賞識我的知音哪！貴人因為憾恨於怒目相向的意氣，就來親近窮鄉僻壤的人，我又怎能獨自默不作聲的就算了呢？況且那天他本想邀我的，我只推託有老母在。現在老母已享盡天年，我可以為知己效命了！」

聶政於是踏上征程，邁向西方。到了濮陽，找到嚴仲子說：「以前我沒答應仲子，是因為母親在世。如今母親不幸去世了，仲子想要報仇的究竟是誰，請交給我去辦。」

嚴仲子把結仇的始末都告訴聶政，又說：「要知道，我的仇人是韓國宰相韓傀，韓傀又是韓王（哀侯）的叔父，宗族勢力強盛，警衛森嚴，我派人去刺殺他，幾次都不能成功。現在足下既然樂意幫助，那我就多準備車馬壯士，助你完成大事。」

聶政說：「韓、衛兩國相離不遠，現在去殺人家的宰相，宰相又是韓王的至親，千萬不能多帶人去。因為人多了，難免有失誤；一有了失誤，事情就會洩漏；事情一旦洩漏，那麼全韓國的人都要和仲子對敵，到那時仲子豈不是很危險嗎？」

聶政終於辭謝車馬和隨從，獨自一個人帶著劍來到韓國。韓國那時正好有「東孟之會」（西元前三七一年），韓哀侯和宰相都在那裡。全副武裝的警衛人員雖然很多，可是聶政卻昂然直入，衝上臺階去刺殺韓傀；韓傀躲到韓哀侯身邊，抱住哀侯求饒。聶政還是猛撲

而上，照刺不誤，把韓傀殺了，也刺中哀侯。一時間左右侍衛亂成一團，聶政高聲怒吼，接連殺死了幾十個人。看看已被重重包圍，走不得了，就自己割破臉皮，挖出眼睛，剖開肚子，拉出腸子。劫餘的人只覺一道白虹上貫天日，大地頓顯黯淡陰森；而聶政兀自挺著，已氣絕多時。

韓國人把聶政的屍體擺在大街上，懸賞一千金徵求認識的人；過了很久也沒人認出他是誰。聶政的姊姊聶嫈（ㄧㄥ yīng）聽到這個轟天動地的謀殺案，跟朋友說：「那一定是我的弟弟幹的。弟弟真是剛烈的勇士！我不可愛惜自己的身軀，而埋沒弟弟的英名；雖然這不是弟弟希望的。」

於是聶嫈就跑到韓國去探視屍體，果然是弟弟聶政。聶嫈凝視著已經潰爛的屍體，哽咽著說：「勇敢呀！氣魄的雄偉充盈，遠超過孟賁、夏育和成荊，如今死了卻不能揚名。父母已去世，又沒弟兄，一定是為了我而自毀其形。我怎能愛惜自己的生命，不稱揚弟弟的英名？我不忍偷生！」

於是聶嫈抱著屍體哭訴道：「這是我的弟弟聶政，住在魏國軹城的深井里。」

聶嫈交代完畢，也就自殺在弟弟的屍體旁。晉、楚、齊、魏的人聽了這個消息，都讚歎說：「非獨聶政勇敢，他的姊姊也是烈女呀！」

不是客人

魏國溫城有一個人到東周遊覽。周人阻止他入境，問道：「你是客人嗎？」「是自家人呀！」溫人回答得很自然。

可是問起他住的巷名和鄰居，卻不能回答。官吏認為他是間諜，就把他拘留了。周君派人來追究，問道：「你既然不是周人，卻說不是客人；這是什麼道理呢？」

「我自幼就熟讀詩的。」溫人回答：「《詩》上說：『廣大的天所覆蓋的，都是天子的領地；住在這塊土地上的，都是天子的臣民。』如今周王既然君臨天下，那麼我就是天子的臣民，怎麼會是客人呢？所以我才說是『自家人』。」周君很高興，就把溫人放了。

推功及人

魏將公叔痤（ㄘㄨㄛˊ cuó）跟韓、趙聯軍在澮（ㄎㄨㄞˋ kuài）北決戰（西元前三六二年），俘擄了趙將樂祚（ㄗㄨㄛˋ zuò）。魏惠王很高興，特別到城外歡迎公叔痤的凱旋，並賞賜良田百萬畝為俸祿。公叔痤一再辭謝說：「使得士卒不崩潰，毅然猛進而不畏懼，遇到危險也不退縮的，這是吳起遺留下的訓練，跟我的指揮無關。預先分析地形的險阻，加強重要地區的防禦設施，使三軍將士不致迷惑的，那都是巴寧和爨（ㄘㄨㄢˋ cuàn）襄的能耐。立下賞罰的標準，使軍民確信不疑的，這是大王英明的法典。判斷可以攻擊敵人的良機，猛搥（ㄔㄨㄟˊ chuí）戰鼓激勵士卒，不敢有絲毫怠慢的，這才是我所做的。大王只為我擊鼓的右手能不倦怠而賞賜，我還可以接受；如果認為我建立功勞，那我又貢獻了什麼能耐呢？」

「說得好！」魏惠王說。

於是惠王就派人尋訪吳起的後裔，賞賜良田二十萬畝。巴寧和爨襄也各得良田十萬畝。

魏惠王說：「公叔難道不算是寬厚長者嗎？已經替寡人戰勝強敵了，又不忘賢人的後裔，也不埋沒才幹之士的功績。公叔怎可不再加封些呢？」

於是又加封公叔痤良田四十萬畝，使得他的封地多達一百四十萬畝。

老子說過：「聖人沒有積儲的：完全幫助人家，自己卻更富有；完全送給人家，自己卻更充足。」公叔痤大概可以當之無愧了。

悖者之患

魏相公叔痤病重，魏惠王去探視他，問道：「公叔病了，萬一不起，國家將怎麼辦呢？」

公叔痤回應道：「我有一個御庶子公孫鞅（ㄧㄤ yāng），希望大王把國事委託給他。如果君王不能重用他，千萬別叫他離開國境。」

魏惠王沒回答，出來以後卻對左右侍臣說：「可悲呀！像公叔那樣明智的人，卻要我把國事交給公孫鞅，不是已經病糊塗了嗎？」

公叔痤死後（西元前三六一年），公孫鞅聽到了這回事，立刻逃奔到西方的秦國去，受到秦孝公的賞識與重用。從此秦國日漸強大，而魏國卻日漸削弱了。

這樣看來，並不是公叔痤糊塗，而是魏惠王糊塗了。糊塗人的最大毛病，就是把不糊塗的人當作糊塗哪！

擇言而諷

魏惠王魏嬰請諸侯在范臺喝酒（西元前三五六年），已喝得醉醺醺了，還叫最小國的魯共公拿著酒罐子一一勸酒。

魯共公站起身，離開席位，說道：

「古時大禹的女兒叫儀狄造酒，滋味甘美，就呈給大禹；大禹喝了，禁不住又貪喝了幾杯。但從此就疏遠儀狄，不再喝酒了。他皺著眉頭說：『後世必定有因為貪飲美酒而亡國的！』

齊桓公半夜裡覺得肚子餓，易牙便煎炸燒烤地弄了幾樣菜肴，調好五味，端上給齊桓公吃。齊桓公吃得飽飽的，一覺睡到天亮還不醒。後來桓公嘖嘖說道：『後世必定有因為

貪吃美味而亡國的！』

晉文公得到美女南之威的時候，一連幾天不上朝處理國事；後來便狠著心推開南之威，不再見她的面。他堅決地說：『後世必定有因為貪戀美色而亡國的！』

楚莊王攀登到強臺上眺望崩山，看到左邊是長江，右邊有洞庭湖，就在那裡徘徊流連，飽覽風光，快樂得簡直忘記了死；後來卻在強臺上發誓從此不再攀登。他心思恍惚地說：『後世必定有因為貪遊高臺水池的美景而亡國的！』

現在主君所喝的酒，也如同儀狄所釀的美酒呀；主君所享用的滋味，也如同易牙所調的美味呀；左邊有白台，右邊是閭（ㄌㄩˊ lǘ）須，也如同南之威的美色呀；前面有夾林，後面是蘭臺，也如同登臨強臺的快樂呀。只要有其中之一，就足以招致亡國的慘禍，如今主君卻四樣全有，能不提高警覺嗎？」

魏惠王還連連誇獎魯共公這一番話。

徐攻留日

魏惠王攻打趙都邯鄲（ㄏㄢˊ ㄉㄢ hán dān）（西元前三五三年），向宋國徵兵，宋王剔成只好派使者去向趙成侯請示說：「魏兵強勁而權重，如今向敝國徵兵，假如敝國不服從，恐怕會危害到國家；假如幫助魏國攻打趙國，就會傷害到趙國，這是寡人不忍心做的。但願大王對敝國有所指示！」

趙成侯說：「是的，宋國不能抵擋趙國，寡人早就清楚。假如削弱趙國來強化魏國，宋國也必然很不利。既然如此，那麼我怎麼答覆你才好呢？」

宋使說：「那就讓宋軍單獨攻打貴國的一座邊城吧！我們會慢慢攻打，拖延一段日子，以便等待貴國確保都城，改變形勢。」

趙成侯同意這個辦法，指定了一座邊城。

宋人心安理得地派兵入侵趙國，包圍了一座城池。魏惠王很高興地說：「宋人幫助我軍作戰了。」

趙成侯也很高興地說：「宋人僅僅攻到這裡為止。」

等到戰爭結束以後（西元前三五三年），趙國還是不怨恨宋人，而魏國卻感激宋的出兵攻趙呢！

南轅北轍（ㄔㄜˋ chè）

魏惠王想要攻打趙都邯鄲（西元前三五三年）。魏臣季梁本來要到楚國去的，一聽到這個消息，趕緊打從半路上折回來。衣服皺皺的也不拉一拉，頭上沾滿塵土也不洗一洗，匆匆忙忙跑去晉見惠王說：

「方才我回來的時候，在十字路口遇到一個人，正朝著北面要駕車，卻對我說：『我要到楚國去。』我說：『你要到楚國去，為什麼把車朝向北方？』那個人回答說：『我的馬跑得快。』我說：『馬雖然跑得快，可是這並不是去楚國的路啊！』那個人又說：『我的錢財多得是。』我說：『錢財雖然多，可是這並不是去楚國的路啊！』那個人又說：『我的車夫最會駕馭。』馬匹呀！錢財呀！車夫呀！這幾樣越好，只是使那個人離楚國越

遠罷了。

如今大王一舉一動都想成為霸王，都想伸張威信於天下。假如大王仗恃著土地廣大、軍隊精銳，就想進攻邯鄲，以便擴張領土、建立威權；像這樣用兵，次數越多，那離霸王之業只不過越遠罷了，就好像要到南方的楚國去，卻把車朝向北方開一般。」

請宅卜罪

楚都郢（ㄧㄥˇ yǐng）城有一個人牽連到刑事案件，拖了三年沒有判決。按照當時的法律，判決有罪的話，住宅要充公。這個郢人故意拜託一位有勢力的外國佬，去向政府請求占用他的住宅，藉此來試探自己是否有罪。

外國佬替他去對昭奚恤說：「郢城某人的住宅，我想占用。」

「某人不應該判罪，所以你不能得到他的住宅。」

外國佬一聽這話，就告辭走了。

過了一會兒，昭奚恤懊悔自己的失言，把外國佬找來，責問道：「我昭奚恤對待您還算盡心，您為什麼要花招來刺探我？」

「我並沒耍花招刺探什麼呀！」外國佬否認。

「哼！請求住宅沒得到，反而有喜色，不是耍巧刺探是什麼？」昭奚恤悻悻地說。

狐假虎威

楚宣王問群臣：「聽說北方諸侯都怕昭奚恤，到底是怎麼回事？」群臣都不出聲。（西元前三五三年）魏客卿江乙回答說：

「老虎到處尋找各種野獸填肚子，抓到了一隻狐狸。狐狸說：『你不敢吃我的！上帝派我當萬獸之王，現在你要是吃了我，那就違逆了上帝的命令。你如果不相信，就緊跟在我後面，看看誰見了我敢不讓路的？』老虎覺得有道理，就跟在狐狸後面走，大家一看到牠們，果然都逃走了。那隻老虎不知道野獸是怕自己才逃走的，還以為是怕狐狸哪！如今大王的土地方圓五千里，被甲精兵百萬，全部都交給昭奚恤掌握指揮，所以北方各國才怕他。其實那是怕大王的百萬雄師哪！就像各種野獸怕老虎一樣。」

「我並沒耍花招刺探什麼呀！」外國佬否認。

「哼！請求住宅沒得到，反而有喜色，不是耍巧刺探是什麼？」昭奚恤悻悻地說。

狐假虎威

楚宣王問群臣：「聽說北方諸侯都怕昭奚恤，到底是怎麼回事？」

群臣都不出聲。（西元前三五三年）魏客卿江乙回答說：

「老虎到處尋找各種野獸填肚子，抓到了一隻狐狸。狐狸說：『你不敢吃我的！上帝派我當萬獸之王，現在你要是吃了我，那就違逆了上帝的命令。你如果不相信，就緊跟在我後面，看看誰見了我敢不讓路的？』老虎覺得有道理，就跟在狐狸後面走，大家一看到牠們，果然都逃走了。那隻老虎不知道野獸是怕自己才逃走的，還以為是怕狐狸哪！如今大王的土地方圓五千里，被甲精兵百萬，全部都交給昭奚恤掌握指揮，所以北方各國才怕他。其實那是怕大王的百萬雄師哪！就像各種野獸怕老虎一樣。」

當門而噬（ㄕˋ shì）

江乙為了排擠昭奚恤，對楚宣王說（西元前三五二年）：

「有一個人，由於他的狗很會看家，特別喜歡這隻狗。有一次，這隻狗朝水井裡撒尿，被一位鄰居看見了。鄰居想進去告訴狗主人，這隻狗討厭他多嘴，就站在門口咬他；鄰居很害怕，也就始終沒辦法進去報告。前年邯鄲被圍困時，楚國進兵攻大梁，昭奚恤接受了魏國的寶物；那時我住在魏國，知道得很清楚，所以昭奚恤一直討厭我來拜見大王。」

美惡兩聞

江乙為了把昭奚恤排擠出楚國，就對楚宣王說（西元前三五二年）：

「在下的人結黨，在上的人就危險；在下的人紛爭，在上的人就安全。這個道理大王知道嗎？但願大王別忘了。假如有個喜歡稱揚他人優點的人，大王覺得如何？」

「這是君子，可以親近他！」宣王回答。

「假如有人專門揭發他人缺點，大王對他如何？」江乙又問。

「這是小人，要遠離他。」宣王答。

江乙接著說：

「要是這樣的話，那麼兒子殺父親、臣子殺人主這等逆倫的事，大王都不會聽到了。

這是什麼道理呢？因為大王喜歡聽人的美德，卻討厭聽人的過惡呀！」

「對呀！我應該善惡兩方面都聽。」楚宣王說。

黃泉專利

江乙對以俊美得寵的安陵君說：「閣下沒有一點功勞，又不是君王的骨肉至親，卻身居高位，享受厚祿。全國人民見到閣下，沒有不整整衣襟下拜的，這究竟是憑什麼呢？」

「只是君王過分抬舉罷了，不然怎麼能如此呢！」安陵君回答。

「拿金錢結交的，金錢花光時交情就斷絕；憑美色結合的，人老珠黃時愛情就變化。所以受寵的侍妾等不到臥席睡壞，已遭遺棄；受寵的臣子還沒等車子坐壞，已遭斥退。如今閣下在楚國很有勢力，卻不加深與君王的感情，我私下真替閣下擔憂。」江乙說。

「那該怎麼辦呢？」安陵君問。

「閣下要找機會向君王申請在黃泉服侍的專利，表明為君王殉葬的心願。這樣必定能

長久在楚國擁有勢力。」江乙說。

「感謝您的指教！」安陵君說。

過了三年，安陵君還沒提出申請。江乙又對安陵君說：「我對閣下建議的事，閣下至今不曾實行。閣下既然不採納我的計策，我也不敢再見閣下了。」

「我不敢忘記先生的話，只因為找不到好時機呀！」安陵君說。

後來楚宣王到雲夢去田獵，四馬戰車連接千輛，旌旗遮沒天空，升起的野火像彩雲又像霓虹，野牛老虎的吼聲像雷霆。有一隻凶性大發的野牛順著車輪衝向戰車，楚宣王親自拉弓射擊，一箭就把野牛射死。宣王抽出一支裝飾犀牛毛的曲柄旗，按住野牛的頭，仰天大笑道：「真開心呀，今天的遊獵！寡人千秋萬歲以後，你們能夠和誰享受到這樣的樂趣呢？」

安陵君聽了這話，淚流滿面，走到宣王面前說：「在朝廷裡我陪坐在大王身邊，出外巡行又是和大王坐同一輛車，大王一旦千秋萬歲以後，我情願跟著去打掃黃泉，替大王鋪褥（ㄖㄨˋ rù）子，免得大王被螻蛄（ㄌㄡˊ ㄍㄨ lóu gū）、螞蟻侵擾。大王要是核准我追隨黃泉的專利，今天遊獵的樂趣，又算得了什麼呢？」

楚宣王聽了很高興，於是把他封為安陵君（這時才被封為安陵君，前面稱安陵君，那是記述者的追稱）。

百勝之術

魏太子申親自率兵攻打齊國（西元前三四一年），當部隊經過宋國的外黃城時，外黃人徐子對太子申說：「我有百戰百勝的戰術，太子能採納嗎？」

「說來聽聽。」魏太子申說。

「我本來就要效勞的。」徐子說：「現在太子親自率兵攻齊，一戰大勝且攻下莒城，那太子的財富也不過是擁有魏國，再尊貴也仍然是個魏王。如果不幸失敗了，那就永遠不能擁有魏國了。這就是我的百戰百勝的戰術。」

「好的，我一定聽從閣下的話，率兵回國。」魏太子說。

「太子即使要回國，已經辦不到了。」徐子冷冷地說：「脅持太子征戰以便滿足私欲

的人太多了，太子即使想回國，恐怕辦不到了！」

魏太子上了戰車，便下令班師回國。駕車的將士說：「大將率軍出征卻折回，與敗北同罪，不如繼續前進！」

魏太子拿不定主意，只好繼續率軍前進。這一去不回頭，可憐落得兵敗身亡，終於不能擁有魏國。

王好細腰

楚威王問莫敖子華說（西元前三四〇年）：「自從先君文王時代，一直到現代，可曾有不為官爵、不為利祿而憂國憂民的人嗎？」

「這種事，像我這樣的人是不夠資格談論的。」莫敖子華回答。

「不問大夫，我還要問誰呢？」楚威王說。

「君王究竟問的什麼呢？」莫敖子華回答道：「自從先君文王以來，有不貪爵位、清廉自守而憂國憂民的；有身居高位、享受厚祿而憂國憂民的；有拋頭顱灑熱血、不受重視也不求利祿而憂國憂民的；有勞累自己身體、困擾自己心志而憂國憂民的；也有不為官爵、不為厚祿而憂國憂民的。」

「大夫說這些話，究竟是什麼意思呢？」楚威王問。

莫敖子華回答說：「以前令尹（楚相）子文，每天穿粗糙的黑布衣上朝，平常在家也都穿粗劣的鹿皮衣。一大早就上朝處理政務，一直到黃昏才回家吃飯。家裡窮得沒有隔日之糧，甚至早上還不知晚上有沒有飯。所謂不貪爵位、清廉自守而憂國憂民的，就是令尹子文。

以前葉（ㄕㄜˋ shè）公子高，他出身微賤，卻被柱國（楚國寵官）拔擢（ㄓㄨㄛˊ zhuó）為朝臣，平定了白公的反叛，安定楚國，把祖先的遺德發揚到方城（楚要塞，在今河南葉縣南）之外，四面國境都不被侵擾，威名也沒遭到打擊。在那個時候，天下諸侯都不敢興兵攻楚。葉公子高因此而食祿六百畛（ㄓㄣˇ zhěn）（畛是田界，六百畛約六十萬畝）。所謂身居高位、享受厚祿而憂國憂民的，就是葉公子高。

以前吳與楚在柏舉交戰，當兩軍衝殺奮戰時，莫敖大心摸著車夫的手，側過頭感慨地說：『哎！你注意到嗎？楚國滅亡的日子已經來到，我將衝進吳軍陣營；假如我能擊倒一個敵人，就請你幫我抓住他，如此也許能保住我們的國家！』所謂拋頭顱灑熱血、不受重視也不求利祿而憂國憂民的，就是莫敖大心。

以前吳與楚在柏舉交戰，三戰之後吳軍攻進楚都郢城，昭王狼狽逃出都城，大夫們都跟著跑了，百官也分離四散。這時棼（ㄈㄣˊ fén）冒勃蘇說：『我如果身穿盔甲手拿武器，

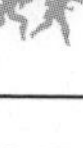

衝進強敵陣地而死，這種犧牲只等於一個兵卒的犧牲罷了，倒不如投奔其他諸侯圖謀再舉。』於是他就帶著乾糧悄悄逃亡。一路上爬過險峻的高山，渡過很深的谿谷，鞋底都磨穿了，膝蓋的肉也露出來，走了七天才來到秦王的朝廷。他彎著腰站在秦廷，晝夜哭泣，經過七天都沒見到秦王。這七天之間，他滴水未進，已經飢渴到氣息奄奄，終於昏倒不省人事。秦王聽到了這個消息，慌忙去看他，慌忙得連王冠都來不及戴，衣服也沒紮好。

秦王左手抱起勃蘇的頭，右手往他嘴裡灌水，好容易才把他救醒。秦王親自問他說：『你是什麼人？』勃蘇回答道：『我不是別人，我是楚國使臣棼冒勃蘇。只因吳國狠戾，入侵楚國，楚軍在柏舉的保衛戰覆敗，被吳軍攻進郢都，敝國君狼狽出奔，大夫們都跟著逃亡，百官也分離四散。敝國君特派我來向大王報告敝國淪亡的經過，並且請求救援。』秦王叫他起來，並對大臣們說：『寡人聽說：一個擁有萬輛兵車的君主，只要得罪一個士人，國家就會危險。那就是現在這種情形吧！』於是秦王就調派一萬大軍，千輛戰車，由子滿和子虎兩位大將率領，出關塞而東進，與吳人戰於濁水，大敗吳軍。所謂勞累自己身體、困擾自己心志而憂國憂民的，就是棼冒勃蘇。

以前吳與楚在柏舉交戰，三戰之後吳軍攻進楚都郢城，昭王狼狽逃出都城，大夫們都跟著逃亡，百官也分離四散。這時楚人蒙穀本來在宮唐河畔作戰，他卻奔回郢都，說道：『只要太子能即位，楚國還是有希望的。』於是他就跑進楚王祖廟，抱起政府重要檔

案，運到停泊在長江的船隻上，順流而下，逃往雲夢。昭王回到郢都以後，文武百官失去了施政的法度，弄得亂七八糟；幸而蒙穀獻上收藏的典冊檔案，才使得政治上軌道，國家漸漸趨安定。蒙穀的功勞可以和救亡圖存比美，於是昭王要封他為執圭的貴卿，食祿田六百畛；不料蒙穀卻很生氣地說：『我並非君主的臣子，我是國家的臣子。只要國家不滅亡就好了，至於有沒有國君，我難道會擔心嗎？』蒙穀就跑到楚國的磨山隱居不出；一直到今天，他的子孫也都不願做官。所謂不為官爵、不為厚祿而憂國憂民的，就是蒙穀。」

「這都是古時候的人啊！現在的人怎麼能辦得到呢？」楚威王聽了莫敖子華這番話，長嘆了一口氣說。

莫敖子華回答道：「以前先君靈王喜歡腰圍細小的婦女，楚國的婦女就盛行節食，有的竟苗條到要扶牆才能站起來，要靠手杖才能走路。雖然想要吃東西，卻忍住不敢吃；明知營養不良會死掉，卻寧可餓死也要苗條。我曾聽說過：『如果君王喜歡射箭，那麼臣子們也就有射箭的裝備。』君王只是不喜歡罷了；假如君王真的喜歡賢臣，那這五種賢臣都能夠得到的。」

作法自斃

商鞅從魏國逃亡到秦國（西元前三六一年），被秦孝公任用為丞相後（西元前三四五年），就積極推行變法維新。後來因功被封於商（西元前三四〇年），號稱「商君」。

商鞅治理秦國，採用嚴刑峻法，大公無私，刑罰不忌諱權貴，獎賞不偏私王族親人；就是太子犯法也不赦免，硬把太傅公子虔（ㄑㄧㄢˊ qián）抓來刺面割鼻。新法實行一年以後，秦國大治，路上遺物沒人拾取，人民不貪非分之財，而且國防戰備充實，使得天下諸侯畏懼。但是「商君之法」刻薄寡恩，祇是拿法律來強迫人民服從罷了。

孝公採行商君之法的第八年（西元前三三八年），一病不起，想讓位給商鞅，商鞅推辭不敢接受。孝公死了以後，惠文王即位，商鞅就敲起退堂鼓，準備告老歸鄉；因為他怕

惠文王算老帳，怕惠文王報復以前被懲罰的仇恨。偏偏又有人對惠文王說：「大臣威權太重了，國家就會危險；左右侍臣太近了，生命就會危險。現在秦國連婦女小孩都只說商君的法律，不談大王的法律。這樣一來，商君反而成為主人，大王倒變成臣屬了；何況商君本來就是大王的仇人呀！希望大王考慮考慮，先下手為強。」

商鞅知道後，趕緊逃往魏國，卻被魏人趕回來。他終於被五馬分屍，而秦國人一點也不同情他（西元前三三八年）。

志存富貴

蘇秦倡六國合縱之前，先看中秦國，就拿連橫的外交政策去遊說剛誅殺商鞅的秦惠王（西元前三三八年），說道：「大王所統治的秦國，西有巴蜀、漢中的地利，北有胡貉（ㄏㄜˊ hé）、代馬的物產，南有巫山、黔中的險阻，東有肴山、函谷關的要塞；而且土地肥沃，人民富庶，戰車上萬輛，精兵一百萬；肥沃的田野有千里寬，蓄積的糧草不計其數，而地理形勢更便於攻守：這真是所謂『天府之國』，是天地間最大的雄邦。憑著大王的賢明，百姓的眾多，將士的用命，兵法的熟練，可以兼併諸侯，吞滅天下，稱皇帝而君臨萬邦。希望大王稍加留意，讓臣辦出成效來。」

秦惠王卻搖著頭說：「我聽說過：『羽毛不豐滿的鳥兒不可以高飛，法令不完備的

國家不可以施刑，道德不崇高的君主不可以役使人民，政教不清平的君主不可以煩勞大將。』先生鄭重其事地不嫌千里之遠而來到秦國指教，我很感激；不過……還是改天再談吧！」

「我本來就懷疑大王不能重用的。」蘇秦說：「以前神農氏曾攻打補遂，黃帝曾攻打涿（ㄓㄨㄛˊ zhuó）鹿而擒獲蚩尤，唐堯曾放逐驩兜（ㄏㄨㄢ ㄉㄡ huān dōu），虞舜曾討伐三苗，夏禹王曾討伐共（ㄍㄨㄥ gōng）工，商湯曾放逐夏桀，周文王曾攻打崇侯虎，周武曾滅亡商紂，齊桓公曾大興仁義之師而霸天下；由此看來，怎麼可以不憑藉武力呢？古時各國互派使臣，車輛往來奔馳；憑著外交人員的辭令，互相締結盟約，天下就可以統一。現在有了南北相約合縱的辦法，有了東西連為一體的方略，卻沒有哪個國家肯把武器收藏不用的。文士們都有一套巧飾善辯的說辭，弄得各國諸侯迷亂惶惑；結果糾紛叢生，簡直無法處理；章程法令應有盡有，人民大都虛偽應付；文獻法令既繁且亂，百姓生活陷於貧困；君臣愁眉不展，百姓無所仰賴。道理講得越明白，戰爭也爆發得越多；穿著禮服的外交官儘管能言善辯，可是戰爭攻伐並不停止；稱引古書上的文辭道理，天下並不能太平。結果是講得舌頭破了，聽得耳朵聾了，仍然歸於失敗。遵行仁義，相約守信，天下依舊不能和平安樂。於是每個國家便放棄文治而加強武力，培養戰士，整飭軍備，希望在戰場上決勝。大王要知道：什麼也不做卻想要使國家富強，安居不動卻想要擴展地盤，即使是古代的五帝、三王、五霸以及明主賢君也辦不到，最後只好用戰爭來解決；距離遠的便兩軍互相攻打，距離近的便用白刃肉搏，必如此才可以建立偉大功業。因此，軍隊在外面打了勝仗，在國內推行政令便義正詞嚴；君王建立了聲威，老百姓就會絕對服從。如今想要侵犯天子、屈服敵國、控制海內、養育百姓、號令諸侯，不仰仗武力是不行的。可惜如今繼承大統的君王，忽視了這種最要緊的道理，全都不懂得教化人民，政治也不修明，只迷惑在那些動聽的言語之中，沉溺在那些巧辯的辭令裡頭。照這樣看來，大王本來就不夠資格採行我的建議呀！」

蘇秦遊說秦王的書一連遞上十次，始終未被採納。他的黑貂皮袍穿破了，黃金百斤用光了，連旅費都沒有了，只得離開秦國回家去。他纏緊綁腿布，踩著一雙破草鞋，背著書包，挑著行李捲，神情憔悴，臉色黝黑，渾身一副羞慚的樣子。回到了家，太太繼續織布不理他，嫂嫂不肯為他做飯，父母不跟他說話。蘇秦長嘆一聲，說道：「妻子不把我當作丈夫，嫂嫂不把我當作小叔，父母不把我當作兒子，這都是我自己不爭氣的罪過呀！」

當夜蘇秦就在家裡找書，從幾十個書箱中找出了太公所著的《陰符》一書。從此他就趴在桌上苦讀，一而再、再而三地反覆研究，揣摩其中道理，並拿時事來相印證。每當讀倦了想睡，就拿起錐子往大腿上猛刺，鮮血直流到腳後跟。他常常自言自語道：「憑這種道理去遊說人君，怎麼會挖不出金玉錦繡、獵不到卿相尊位呢？」

過了整整一年，他自信揣摩成功了，很自負地說：「這才真正可以遊說當代的君王了！」

於是他便玩弄太公陰符上的〈燕烏〉、〈集闕〉兩篇的謀略去見趙王；就在高大華美的宮室裡向趙王遊說（西元前三三四年），鼓著掌談話，談得很投機。趙王非常高興，封他為武安君，叫他接相印。此外又給他百輛戰車，千綑錦繡，百對白璧，萬鎰黃金，讓他帶著去邀約諸侯合縱，拆散與秦連橫的關係，以便共同抵抗強秦。蘇秦做趙相的時期，六國政府都和秦國斷絕了邦交。

當這個時候，廣大的天下、眾多的人民、威武的諸侯、掌權的謀臣，都要聽從蘇秦的策劃。不用花費一斗軍糧，不曾差遣一個兵卒，沒有傷過一員戰將，沒有斷過一根弓弦，沒有折過一枝箭矢，就使各國諸侯相親相愛，勝過兄弟。可見賢人當權主政，天下都會心服；一個人得到重用，天下都會順從。所以說：「應該運用政治來號令天下，不必用武力征服；要在朝廷內謹慎謀劃，不必到四境之外去作戰。」

當蘇秦最得意時，有萬鎰黃金供他運用，出行時車馬成群跟隨，到處顯得威風八面。太行山以東的國家，都隨著他的風頭行事，使趙國的地位大大提高。

說起蘇秦這個人，只不過是個出身寒微的貧士罷了；可是他竟然能夠坐著高車大馬周遊天下，游說各國君王，堵住各諸侯王左右親信的嘴巴，使天下人不敢抗衡。

當蘇秦要去游說楚威王的時候（西元前三三三年），路過家鄉洛陽；父母聽到消息，趕忙整理房間，清掃道路，準備了音樂，設下了筵席，跑到城外三十里遠的地方去歡迎他。太太不敢正面看他，只在旁邊偷聽著；嫂嫂像蛇一樣爬行，拜了四拜，跪著請求恕罪。蘇秦說：「嫂子！為什麼從前那樣傲慢，現在又這樣謙卑呢？」

嫂嫂回答道：「因為您現在地位尊貴又有錢了。」

蘇秦聽了這話，嘆息一聲說：「唉唉！貧窮了，父母都不拿我當作兒子；一旦富貴了，親戚都畏懼你。一個人活在世界上，權勢、地位和金錢，怎麼可以不重視呢！」

米玉薪桂

蘇秦到楚國去辦外交，三個月才見到楚威王（西元前三三三年）。蘇秦和威王一談完公務，就立刻告辭要回趙國去。威王說：「寡人聽到先生的大名，就像聽到古人那樣肅然起敬。現在先生既然千里迢迢來到寡人這裡，卻不肯多逗留幾天，究竟是什麼道理呀！」

蘇秦回答道：「楚國的食物比玉石還要貴，薪柴比桂樹還要貴，通報的人比鬼魂還要難見，大王比上帝更難見到。現在大王要叫我吃玉石、燒桂樹、託鬼魂而見上帝嗎？」

「先生回賓館休息吧！寡人會照您的意思改善的。」楚王愧疚（ㄐㄧㄡˋ jiù）地說。

慶弔相隨

燕文公時，秦惠王把女兒嫁給燕太子為妃子。文公死後（西元前三三三年），太子即位，這就是後來的燕易王。齊宣王趁著燕有國喪而入侵，占領了十城。武安君蘇秦為燕國去遊說齊宣王（西元前三三三年）。他首先向宣王再拜賀喜，接著又仰天弔唁（ㄧㄢˋ yàn）。齊宣王手按著戈，逼得蘇秦連連後退。宣王喝道：「賀喜與弔唁，為何竟接得這樣快？」

蘇秦定定心，回答說：「人寧可挨餓，也不願吃毒草烏喙（ㄏㄨㄟˋ huì），因為雖然暫且填飽肚子，最後也跟餓死一樣。如今燕國雖弱小，卻是強秦的女婿國；大王為了貪圖十城的利益，已跟強秦結下了深仇。現在假如由弱燕做先鋒，強秦充後盾，號召天下精兵，聯手討伐齊國，那齊國就像吃了烏喙一樣痛苦了。」

「那該怎麼辦呢？」齊宣王被嚇著了，趕緊請教。

蘇秦回答說：「聖人處理事情，能夠轉禍而為福，因敗而為功。所以齊桓公雖然有蔡姬的負累，卻因而侵蔡伐楚，威名愈加顯赫；韓獻子雖然因戰敗而獲罪，卻因而鞏固了六卿的交情：這都是轉禍為福、因敗為功的典例。大王如果能採納我的獻策，最好是歸還燕國的十城，然後再恭謹地向秦國表示歉意。秦國知道大王由於秦的原因而歸還燕城，必然感激大王；燕國沒付代價就收回十城，當然也感激大王。這就把強大的仇敵變成友好的盟邦了。等燕、秦一同臣事大王以後，大王的號令，天下諸侯也都會順從了。這樣等於是大王用表面的外交辭令歸附秦國，而實際上是拿十城取得天下的歸心，建立了霸王的基業。這就是所謂『轉禍為福，因敗為功』的聖人行徑。」

齊宣王聽了這番話非常感動，立刻把十城歸還燕國，外加黃金一千斤，並向燕王表示以後情願跪在爛泥巴中叩頭謝罪，結為兄弟之邦；另一方面又派特使去秦國道歉。

陽僵棄酒

有人在燕易王面前誹謗蘇秦說：「武安君蘇秦是天下最不講信用的人，大王以萬乘之尊卻對蘇秦那麼恭順，還公開在朝廷上尊崇他；這等於在向天下諸侯宣布大王喜歡和小人在一起呀！」

蘇秦從齊國回來後，燕易王不肯到賓館去拜訪他（西元前三三三年）。蘇秦覺得不對勁，就去見燕易王說：「我本是東周的鄉野小民，初見足下時，沒一點兒功勞，而足下卻到郊外迎接我，在朝廷上顯揚我。現在我替足下出使齊國，收回燕國十城失地，有了保存危亡弱燕的功勞，足下反而不理睬我。這一定是有人在大王面前誹謗我，罵我不講信用。要知道我不講信用，正是足下的福氣。假如我像尾生那樣信實，像伯夷那樣廉潔，像曾參那樣孝順，憑著這三樣天下最好的品德來事奉足下，好不好呢？」

「好啊！」燕易王說。

「有這樣的品德，我也不會來事奉足下了。」蘇秦接著說：「像曾參那樣孝順，連一夜都不肯離開父母住到外面，足下怎能派他到齊國呢？像伯夷那樣廉潔，不肯白吃飯不做事，認為周武王不義就不做他的臣子，辭卻孤竹君的王位不做，寧肯活活餓死在首陽山；像這樣孤芳自賞的義士，怎麼肯步行數千里，來侍奉弱燕危殆不安的君主呢？像尾生那樣信實，和女朋友在橋下約會，到時候女朋友沒來踐約，大水來了，他還是抱著橋柱不走而被淹死；信實到這種地步，怎麼肯在齊國誇揚燕、秦的威勢而建立大功呢？況且守信用的人，都是為了自己才那樣做，並不是為別人；那是自我局限的方法，不是力求進取的途徑。況且三王相繼興起，五霸輪流強盛，都不肯自我局限。如果自我局限可以的話，那麼齊國的地盤就不會超過太公采邑營丘的範圍，足下也不能踰越現有的國境、不能窺探邊城以外的地方了。在東周我還有老母要孝養，如今離開老母來侍奉足下，這就是放棄自我局限的方法而尋求進取的途徑。我的趣向本來就不應該和足下相合的，足下是個甘願自我局限的君王，我卻是個力求進取的人臣；這就是所謂『由於忠信而得罪君王』的緣故呀！」

「既然忠信，又怎麼會得罪呢？」燕易王問。

「足下可能不知道這個故事：我有一個鄰居隻身到遠方去做官，他的妻子在家裡和別

人很要好。等到做丈夫的快回家時，那個愛情走私的人很憂慮，做妻子的卻說：『你不必擔心，我已經準備毒藥酒歡迎他。』兩天後做丈夫的回到家，做妻子的就叫女僕端酒給丈夫喝。女僕知道那是毒藥酒，要是獻上去，就會毒死男主人；要是說出來，疼她的主母就會被趕走。女僕真是左右為難，最後故意跌倒，把毒酒弄翻了。男主人卻為此而勃然大怒，請女僕吃了一頓皮鞭子。像這位女僕，就是由於忠信而得罪呀！我今天的所作所為，不幸恰好有些類似於這位女僕。況且我侍奉足下，是為了提高燕的國際地位，希望對燕國有所幫助，現在竟反而獲罪；我怕將來侍奉足下的賢士，再也不敢責求自己有所表現了。何況我去遊說齊國，並不曾用欺詐的手段啊！這一趟去遊說齊國，要是不用我所說的那一套話，即使堯、舜再世，齊國也不肯採信的。」

一策十可

楚懷王死時（西元前二九六年），楚太子正好在齊國當人質，蘇秦就對齊相薛公說：「閣下為什麼不把楚太子扣留住，以便跟楚國交換下東國？」

「不能這樣做。」薛公說：「假如我扣留楚太子，楚人會另立他人為王。到那時我抱的是空洞無用的人質，而且落個不義之名，將見笑於天下人。」

「事實上不見得這樣。」蘇秦分析道：「楚國即使另立他人為王，閣下可以趁機對新王說：『給我下東國，我為王殺太子；不然，我將聯合秦、韓、魏三國擁立太子為楚王。』如此一來，齊國必然能得到楚的下東國。」

關於蘇秦的這項計策，縱橫家拿來揣摩演練，衍生了十個「可以」：㈠可以自請出

使楚國；㈡可以催促楚王趕緊割讓下東國給齊；㈢可以再叫楚國多割點土地給齊；㈣、可以藉著忠於太子而使楚再度割讓土地；㈤可以為楚王驅逐太子；㈥可以忠於太子而叫他趕緊離齊；㈦可以勸薛公放逐蘇秦；㈧可以為蘇秦向楚請封；㈨可以派人向薛公遊說善待蘇秦；㈩可以使蘇秦在薛公面前自我解說。（事實上孟嘗君後來把楚太子送回楚國即位，是為頃襄王。以下說辭，都是策士虛構的。）

蘇秦又對孟嘗君說：「我聽說：『計謀洩漏的，事情就不會成功；計謀猶豫不決的，就不會成名。』如今閣下扣留楚太子，只是為了交換下東國；要是不趕緊得到下東國，那麼楚國的政策一旦變化，閣下就真的空抱無用的人質而身負不義之名於天下了。」

「是呀！要怎麼辦才好呢？」薛公問。

「我願替閣下到楚國去交涉，叫楚國趕快把下東國割讓給齊。楚國肯割讓土地，閣下就出名了。」蘇秦回答。

「好吧！」薛公說。

於是薛公就派蘇秦到楚國去交涉。這就是第一個「可以」。

蘇秦到了楚國，對新立的楚王說：「齊國想要擁立前太子為王。我看薛公所以扣留前太子，完全為了要獲得下東國。現在大王如果不趕緊把下東國割讓給齊，那麼前太子就會用加倍於大王的割地，去賄賂齊國擁立自己為楚王。」

楚王說：「謝謝！就照您的話辦。」

於是楚王就把下東國割讓給齊。這就是第二個「可以」。

接著蘇秦又對薛公說：「看楚國的現況，還可以多割一些土地。」

「怎樣交涉呢？」薛公問。

「由我把楚割地的內幕消息透露給太子，讓太子來拜見閣下，自動提出加倍的割地；閣下就表現出忠於太子，並故意讓楚王知道，楚王必然割更多的地來討好齊國。」蘇秦說。這就是第三個「可以」。

蘇秦就去對楚太子說：「齊國本來打算擁立太子為楚王的，貴國的新王卻藉割地來賄賂齊國，要齊國扣留太子，齊王還嫌所割的土地太少呢！太子何不加倍割楚地來討好齊？那樣的話，齊必然會擁立太子為楚王的。」

「好的。」楚太子當然答應。於是楚太子就加倍割楚地給齊，極力拉攏齊國。楚王聽到這個消息很恐慌，就割更多的土地給齊國，還怕事情不成功呢！這就是第四個「可以」。

蘇秦又對楚王說：「齊所以敢要求多割土地，因為挾持前太子呀！如今已得到土地還是需索不止，那是因為還可拿前太子來威脅大王呀！我有辦法使前太子離開齊國。前太子一旦離開齊國，齊國失去了勒索的藉口，一定不敢背棄大王；大王趁機趕緊去跟齊結盟，齊必然接受的。假如大王這樣做，就消除了一個仇敵，又獲得一個盟邦。」

楚王聽了，很高興地說：「我願率領全國臣民親近齊國，請您幫幫忙。」這就是第五個「可以」。

於是蘇秦又對楚太子說：「實際統治主宰楚國的是新王，空具虛名交涉的是太子；齊國未必相信太子的話，而新王的話卻容易兌現。假如齊、楚邦交建立，太子必然危險。太子可要及早打算！」

太子感激地說：「謝謝關懷，我會照您的吩咐辦的。」

楚太子立刻準備車輛，趁著天黑離開齊國。這就是第六個「可以」。

蘇秦又派人去對薛公說：「勸閣下扣留太子的，是蘇秦呀！蘇秦並非真的為閣下著想，卻是為了楚國的利益。蘇秦怕閣下發覺，所以才多割楚地來掩飾。現在勸太子離齊的，又是蘇秦，而閣下卻不知道。我私底下真替閣下懷疑蘇秦的居心。」

薛公聽了這番話，對蘇秦大大不滿。這就是第七個「可以」。

蘇秦又派人對楚王說：「叫薛公扣留太子的，就是蘇秦呀！使大王能取代楚太子而即位的，又是蘇秦；割地以加強盟約的，又是蘇秦；忠於大王而驅逐太子的，又是蘇秦。現在有人向薛公說蘇秦的壞話，因為蘇秦為齊國打算的太少，替楚國著想的太多了。希望大王留意這件事。」

「謝謝您提供消息。」於是楚王就封蘇秦為武貞君。這就是第八個「可以」。

接著蘇秦又派楚相景鯉對薛公說：「閣下所以能受天下人重視，是由於能得天下之士而且掌握齊國的政權呀！如今蘇秦乃是天下的辯士，世間少有。假如閣下疏遠蘇秦，那就等於堵塞了招攬天下人才的路，再也聽不到高妙有益的言論了。閣下的政敵，萬一重用蘇秦，就會破壞閣下的好事。現在蘇秦頗得楚王的信賴，如果閣下不及早結交蘇秦，那就等於是你要跟楚結仇。所以閣下不如跟蘇秦親近，尊崇他重用他，這樣閣下就可以擁楚自重了。」

於是薛公又對蘇秦頗有好感。這就是第九個「可以」。

（以下原文闕第十個「可以」一段。蘇秦究竟如何向薛公自我解說？請讀者也揣摩揣摩。）

三人成虎

魏臣龐蔥陪太子到趙都邯鄲做人質（西元前三三六年），臨行時對魏惠王說：「假使有一個人說『街上有老虎』，大王相信嗎？」

「不相信。」魏惠王說。

「假如有第二個人來說『街上有老虎』，那麼大王會相信嗎？」

「寡人將半信半疑了。」惠王回答。

「如果又有第三個人來說『街上有老虎』，大王會不會相信呢？」

「那寡人就相信了。」惠王回答。

「街上沒有老虎是很顯然的，但是經過三個人一說就變成有老虎。」龐蔥接著說：

「如今邯鄲離大梁，要比從王宮到市街遠得多，而批評我的人，又何止三個哪！但願大王能夠明察。」

「放心好啦！寡人會記得的。」惠王向他保證。

於是龐蔥就向魏王告辭上路；可是還沒到達邯鄲，誹謗他的話已經鑽進惠王的耳朵。

後來太子不當人質而回國，魏惠王就沒再召見過龐蔥。

美於徐公

鄒忌身高五尺六，身形相貌很漂亮。有一天早晨（西元前三三五年），他在穿衣服的時候，偷偷照著鏡子，顧影自憐地對妻子說：「我跟城北徐公比，哪一個英俊？」

「您英俊得多啦，徐公哪能及得上您！」妻子回答。

城北徐公是齊國有名的美男子。鄒忌信不過，又問侍妾：「我跟徐公哪一個英俊？」

「徐公哪能及得上您！」侍妾回答。

第二天早晨有客人來訪，鄒忌同他坐著聊天，趁機問他：「我跟徐公哪個英俊？」

「徐公當然不如閣下啦！」客人答道。

第三天，徐公來到鄒家。鄒忌仔細看了看他，自認不如他漂亮；再照照鏡子看看，更

覺得相差太遠了。晚上睡覺的時候，想起這件事，自言自語道：「妻子誇讚我英俊，原是偏袒我呀！侍妾誇讚我英俊，原是害怕我呀！客人誇讚我英俊，原是有求於我呀！」

於是鄒忌在上朝時對齊威王報告了這件事，齊威王聽得笑呵呵。鄒忌又感慨地說：「我的確知道不如徐公英俊。我的妻子偏袒我，我的侍妾害怕我，我的客人有求於我，都誇讚我比徐公英俊。如今齊國的土地一千方里，擁有一百二十座城市，王后、妃子以及在大王跟前伺候的人，沒有不偏袒大王的；朝廷裡的臣子，沒有不害怕大王的；四邊國境以內的人，沒有不是有求於大王的。由此可見，大王被人蒙蔽得太厲害了！」

「好！」齊威王說。

齊威王就立刻頒了一道詔令：「凡是齊國臣民，能夠當面指摘我的過失的，可領取上等的賞賜；能夠用書面諫諍我的，可領取中等的賞賜；能夠在街頭巷尾評論我的過失，讓我聽到的，可領取下等的賞賜。」

詔令一公布，群臣爭先諫諍，王宮的大門口、天井裡，都像街市那樣擁擠。幾個月以後，進諫的人漸漸少了，偶爾才來一次。一年以後，即使想諫諍，也沒有可以進諫的事了。燕、趙、韓、魏等國聽到這個消息，都到齊國來朝見齊王；這就是所謂的「在朝廷上打了勝仗」。

臣掩君非

周文君免掉工師籍的職務，改任呂倉為相（西元前三三三年），周人大為不滿，周文君為此很煩惱。

呂倉的客人就對周文君說：「一個國家的輿論，一定有誹謗也有讚美的；忠臣讓誹謗集中在自己身上，把讚美都歸於君王。以前宋平公在農忙時叫百姓建築遊樂臺，遭到人民的批評；於是子罕辭掉宰相職而改任司空，親自拿著棍子督工，人民就轉而批評子罕而讚美宋君。齊桓公因為在宮中設了七個市閭，用了七百名宮女，遭到國人批評；管仲故意在家裡築『三歸』之臺，娶九個妻妾，就是為了遮掩桓公的過錯，讓人們來怨恨自己。在《春秋》一書裡記載臣子弒殺君主的事件多達數百，那些都是素負眾望的大臣。由此可見，大臣享有盛名，並非國家之福。常言道：『被眾人推舉的變強大，要是累積如山就不能動搖。』君王得提防工師籍哪！」

周文君經這一說，打消了罷免呂倉的意思。

網鳥之道

楚臣杜赫想叫周君重用景翠（西元前三三三年），於是對周君說：「君王的國家很小，要拿貴重珠寶去討好諸侯，因此用人可得慎重，才不會白花了。這好比張網捕鳥：如果把網拉在沒有鳥的地方，拉一整天也捕不到鳥；拉在鳥多的地方，又會把鳥嚇跑；一定要拉在有鳥無鳥之間，才會捕捉到很多鳥。現在君王只施恩給那些大人物，大人物卻看不起君王；要是把恩惠施給小人物，小人物對君王不能有什麼幫助，只會浪費金錢。所以君王必須施恩給注定將成為大人物的窮士，到時候一定可以滿足君王的願望了。」

易得難用

齊人管燕得罪了齊威王，於是就問左右食客說：「你們誰和我逃亡國外，投奔諸侯？」左右的人都不開腔，默默不出聲。管燕流著淚說：「可悲啊！士人為什麼容易得到而難以使用呢？」

田需忍不住答腔道：「士人每天三餐不飽，閣下的鵝和鴨卻有吃不完的白米飯；後宮美女穿著綾羅素絹，拖著綺繡細紗，可是士人們連粗布衣都沒得穿。財貨是閣下所輕視的，生命是士人所重視的；閣下自己不肯把所輕視的給士人，反而來責備士人不把所重視的侍奉閣下。這並不是士人容易得到而難使用啊！」

變服折節

馬陵之戰，齊軍殲（ㄐㄧㄢ jiān）滅魏十萬大軍，殺死魏太子申（西元前三四一年）。魏惠王把宰相惠施找來（西元前三三六年），很痛心地說：「齊國是寡人的仇敵，我到死也不會忘記這深仇大恨。魏國雖小，我老是想動員全國兵力來報仇。您認為怎麼樣？」

惠施回答說：「不可以。我聽說：『稱王（ㄨㄤˋ wàng）天下的能守法度，稱霸天下的善用計謀。』現在大王告訴我的，既不合法度，又遠離計謀。大王本來先怨恨趙國，然後才派兵攻打齊國的。現在既戰敗了，國家已喪失了防禦措施，大王又要傾盡國力去攻齊，這就違背了我所說的守法度用計謀了。大王如果一定要報復齊國，那不如就改變服裝，屈折志節，以諸侯的身分去齊國朝貢。這樣一來，楚王一定會大怒；大王再派遊說之士去挑撥兩國，那麼楚國必然攻打齊國。憑安定的楚國去討伐疲憊的齊國，齊國必然會潰敗的；這就等於是利用楚國來摧毀齊國呀！」

魏惠王說：「好計策！」

於是魏王就派特使到齊國，表示願意以臣子之禮朝見齊王。

齊相田嬰答應魏的請求，可是張丑卻說：「不可以接受這種朝貢。假如我們在沒有戰勝魏國以前，就得到魏國的朝賀，那麼跟魏講和之後再和楚國禮相往來，將來就可以大勝天下。現在我們已經戰勝魏國，殲滅魏的十萬大軍，殺掉魏太子申，要是再叫擁有萬輛兵車的魏國來臣服朝貢，使得秦、楚也落在下風，那麼齊國凶暴狠戾的惡名就確定了。況且楚威王生性喜好用兵，又貪得名譽；要是接受魏的朝貢，最後成為齊國憂患的，必然是楚國。」

田嬰沒有採納張丑的意見，終於接受魏惠王的要求，帶著他去朝見齊威王，一連好幾次。趙肅侯很討厭這種情勢，楚威王更是憤怒。楚王終於親自率兵討伐齊國，趙國也派兵響應，結果大敗齊軍於徐州（西元前三三三年）。

樹難去易

田需很受到魏惠王的重視，惠施曾向他建議道：「閣下一定要好好對待君王左右的人。那楊樹，橫著栽可以活，倒過來栽也可以活，折斷了栽還可以活。然而派十個人栽楊樹，叫一個人來拔它，就不會有活的楊樹了。憑著十個人的多數，栽種容易生長的楊樹，卻抵不過一個人的破壞，是什麼道理呢？因為種起來難，而拔掉容易呀！如今閣下雖然把自己樹立在君王的心中，而想把閣下拔掉的人卻很多，那閣下的處境必然危險了。」

雪甚牛目

魏惠王死了（西元前三一九年），出殯的日子快到了，卻下起大雪，雪深到達牛眼睛，連城牆都被壓壞。太子準備搭架棧道送葬，群臣多諫阻說：「雪下得這麼大還去送葬，人民一定感到很痛苦，朝廷的費用又恐怕不夠，請延期改日吧！」

「為人子的，如果為了勞民傷財的緣故而不如期舉行先王的喪禮，就不孝了。你們不必再講了！」魏太子說。

群臣都不敢再講，卻去報告宰相犀首（公孫衍）。犀首說：「我也沒辦法去勸。這大概只有惠公才能勸阻吧！讓我去告訴惠公。」

惠施知道了以後說：「好的！」

於是惠施就坐車去見魏太子，說道：「出殯的日子快到了。」

「是的。」太子說。

惠施接著說：「古時周文王的父親季歷葬在楚山之麓（ㄌㄨˋ lù），墳墓被水浸壞；棺材前面的木頭露出來。文王說：『唉！先君一定是想見一見群臣百姓吧！所以才讓水浸壞墳墓，露出棺木來。』於是就把棺木挖出來，張設帳幕，讓季歷接見百姓和群臣。臣民都參見完畢，過了三天才改葬。這就是文王的孝呀！現在出殯的日期快到了，而雪下得這麼大，積雪深達牛眼睛，送葬的行列難以進行。太子要是如期安葬，難道不會有恨不得快點埋葬的嫌疑嗎？希望太子改一改日期。先王一定是想多待些日子，以便扶持國家、安定百姓，所以才讓雪下得這麼大。趁此展延葬期而重（ㄔㄨㄥˊ chóng）卜吉日，這就是文王的孝啊！假如不照這樣做，難道是以效法文王為可恥嗎？」

魏太子說：「這話很有道理，那就延期擇日再安葬吧！」

惠施不只是能言善道，使得魏太子延期安葬先王，而且又乘機介紹了文王的孝。解說文王的孝，明示天下後世，這功勞實在太大了。

日見七士

淳于髡（ㄎㄨㄣ kūn）在一天內連續介紹七個人給齊宣王。

齊宣王叫道：「請賢卿過來！寡人聽說：『在千里之內如果有一個賢士出現，就好像和他並肩而立那樣近；在百世之間如果有一個聖人出現，就好像一個接一個而來那樣多。』現在您一天內就介紹了七個人，豈不是顯得賢士太多了嗎？」

「大王的話不對！」淳于髡說：「俗語說：物以類聚。羽毛相同的飛鳥才停在一起，腳爪相同的野獸才走在一塊。在低窪地找柴葫和桔梗這種藥材，一輩子也找不到，到睪黍山或梁父（ㄈㄨˇ fǔ）山的北面，多得可以用車載。我既然是屬於賢人，君王向我求賢士，就像到河裡打水、用火石打火那樣簡單。我還要繼續引見，何止七位呢！」

璧馬止攻

魏惠王派人跟淳于髡說（西元前三三三年）：「齊國想要攻打魏國；能夠解除魏國外患的，只有先生了。敝國有寶璧兩雙和美麗毛色的馬八匹，要奉獻給先生。」

「沒問題！」淳于髡樂得答應了。

於是淳于髡就入宮對齊威王說：「楚國是齊的仇敵，魏國才是齊的友邦。攻打友邦而讓仇敵趁我疲憊入侵，不但落得個臭名，事實上也危險。」

「好吧！聽從你的。」齊威王說。

齊王已決定不攻打魏國了，卻有個賓客來對威王說：「淳于髡私下接受魏國的寶璧駿馬，才主張不攻打魏國。」

齊王聽了覺得很不是滋味，回頭就責問淳于髡說：「聽說先生接受魏國的賄賂，有嗎？」

「有的！」

「那麼先生為寡人策劃的事又怎麼說呢？」

淳于髡慢條斯理地回答道：「假如攻打魏國的事不利於齊，那麼魏國即使把我刺死，對大王又有什麼好處呢？假如大王真的認為伐魏不利於齊，魏國即使加封我，對大王又有什麼損失呢？況且大王沒有攻打盟邦的臭名，魏國沒有被滅亡的危險，人民沒有遭受兵災的憂患，而我有寶璧駿馬可用，對大王又有什麼損害呢？」

田父擅功

齊國打算派兵攻打魏國（西元前三三三年）。淳于髡對齊威王說：「韓子盧是天下跑得最快的狗，而東郭逡（ㄑㄩㄣ qūn）是海內最狡猾的兔。有一天韓子盧追逐東郭逡，繞著山追了三圈，翻越了五座山嶺，結果跑在前面的兔子精疲力竭，落在後面的狗也仆伏在地，狗和兔都累壞了，分別死在那裡。一個農夫看見了，不費一點力氣就得到兔和狗。如今齊、魏連年交戰，武器損壞，軍隊疲憊，我唯恐強大的秦、楚跟隨在後邊，會像農夫一樣不勞而獲。」

齊威王聽了很害怕，趕緊遣散已徵調的將士。

一語救薛

孟嘗君被貶退居封邑薛城時，被楚人圍攻（約西元前二九四年），齊王都不理會他。淳于髡出使楚國回來，路過薛城，孟嘗君趕到郊外迎接，跟淳于髡說：「楚人攻打薛城，先生要是漠不關心，我恐怕就沒辦法再伺候您了。」

淳于髡說：「請放心。」

淳于髡回到齊國，報告了出使情形後，齊閔王問道：「在楚國還看到什麼？」

「楚人太野蠻，而薛也不自量力。」

「什麼意思呢？」閔王問。

淳于髡說：「薛不自量力，偏偏要為先王立清廟；楚人不講理，出手就打它。眼見清

廟將被摧毀，所以我才說『薛不自量力，楚人太野蠻。』」

「是呀！先王的廟在那裡！」閔王關切地說。

於是閔王趕緊派兵救薛。

連雞難棲

秦惠王對處士寒泉子說（西元前三二八年）：「蘇秦輕蔑（ㄇㄧㄝˋ miè）我，企圖憑個人的雄辯，鼓動山東諸侯，締結『合縱之盟』來抗拒秦國。趙原本就自負兵力雄厚，才會派蘇秦拿重禮去聯合諸侯。但是山東諸侯不能團結，就像綁在一起的雞不能安靜棲息一樣，這是很明顯的道理。我早就恨透了，想派武安子趕到山東去告誡他們。」

「不可以。」寒泉子回答說：「攻城掠地，可以派武安子；出使諸侯建邦交，那就得派客卿張儀才行！」

秦惠王說：「好吧！就聽你的高見。」

為我詈（ㄌㄧˋ lì）人

陳軫離開楚國回到秦國時（西元前三一九年），張儀對秦惠王說：「陳軫身為大王的臣子，竟然常把國家機密透露給楚國。我張儀不能跟他同事，希望大王趕他走。如果他想到楚國去，大王可要殺掉他！」

「陳軫怎麼敢再到楚國呢！」秦惠王說。

於是秦惠王就把陳軫叫來，跟他說：「我會尊重你的意見，只要你說出想到哪裡，我就替你準備車子。」

「我寧願到楚國！」陳軫回答。

「張儀認為你會到楚國去，我自己也知道你必定要到楚國。你除了楚國，又能夠在哪

裡安身呢！」

「我被趕走，一定故意到楚國去，好順從大王和張儀的想法，藉此來表明我是不是跟楚國勾搭。」陳軫說：「楚國有個人討了兩個太太。某甲去挑逗那個年紀大的，那個年紀大的破口大罵；去挑逗那個年紀小的，年紀小的欣然接受了。沒多久，擁有兩妻的男人死了。有個客人問某甲說：『你要娶那個年紀大的，還是年紀小的呢？』某甲竟回答說：『娶年紀大的！』客人問：『年紀大的臭罵過你，年紀小的和你相好，你為什麼要娶年紀大的？』某甲說：『當她做別人的妻子時，我希望她能接受我的挑逗；如果做了我的妻子，就要她替我罵人啦！』現在的楚懷王是位賢明的君主，昭陽也是位賢相；我陳軫身為大王的臣子，如果經常透露國家機密給楚王，那麼楚王必定不肯收留我，昭陽也不願跟我同朝共事的。從楚王會不會收留我，就可以表明我是不是跟楚國勾搭過；所以我要是被趕走，一定故意到楚國去。」

惠王聽了，認為有道理，從此就對他特別好。

移天下事

陳軫為秦出使齊國（西元前三二三年）。當他經過魏國時，求見犀首（公孫衍），犀首卻辭謝不見。陳軫又傳話給公孫衍說：「我所以來看你，是為了天下大事。閣下既然不肯見我，我將走了，我不能待太久。」

犀首趕緊接見陳軫。陳軫一見面就說：「閣下討厭天下事嗎？為什麼光吃喝而不做事？」

「我由於無能才無法綜攬國際事務，怎敢討厭天下事呢？」犀首說，情緒很低落。

「我要把天下諸侯的事務轉移給閣下。」陳軫說。

「怎麼說呢？」犀首問。

陳軫說：「你們君王既然派趙人李從率領戰車百輛出使楚國，閣下可以在這裡頭耍花樣。閣下可以去向魏王說：『我跟燕、趙有舊交情，他們屢次派人來邀請我說：「沒事的時候一定來玩玩哪！」現在我清閒一點了，請讓我告個假去一趟。不會太久的，只要十五天。』魏王必然沒理由阻止閣下的。閣下獲准出國，就在朝廷上揚言說：『我急著要出使燕、趙兩國，正忙著準備車輛整理行裝。』」

「好計策！」犀首說。

於是犀首就去向魏王告假。魏王答應了，犀首就在朝廷裡向人揚言將出使燕、趙。各諸侯國的賓客探到了這個消息，都派專差回國向自己的國君報告說：「李從率戰車一百輛出使楚國，現在犀首又要率戰車三十輛出使燕、趙。」

齊威王唯恐交結魏國落在天下諸侯之後，趕緊把國事委託犀首。犀首接受了齊王的委託，魏王就不讓他到燕、趙去了。燕、趙知道了這件事，也把國事委託犀首。楚懷王聽到以後說：「李從雖然來拉攏寡人，但是如今燕、齊、趙都把國事委託犀首，犀首一定也希望寡人委託他，寡人也樂意這樣做。」於是楚懷王就背棄了李從，把國事委託犀首。

魏惠王終於說：「寡人所以不派犀首搞國際關係，是認為他不行；現在四國都把國事託付他，寡人也要把國事託付他。」

犀首終於掌握了國際事務，同時更出任魏國宰相。

畫蛇添足

昭陽為楚國伐魏，殲滅敵軍，殺死敵將，攻下了八座城池，又轉兵攻打齊國（西元前三二三年）。說客陳軫奉齊威王的使令，往見昭陽，一見面就一再拜賀戰事的勝利；等昭陽揚揚自得時，卻站起來問道：「照楚國的法律，殲滅敵軍殺死敵將，可得何等官爵的封賞？」

「官為上柱國，爵為上執珪（ㄍㄨㄟ guī）。」昭陽回答。

「比這更尊貴的，還有什麼呢？」陳軫問。

「只有令尹啦！」昭陽回答。

「令尹確實尊貴，但是楚王卻不曾設置兩個令尹呀！」陳軫說：「我替將軍打個比

喻，可以嗎？楚國有人祭祀祖先後，將一罈四升的酒賞給門客喝。門客們互相商量道：『幾個人一起喝不過癮，一個人喝才痛快，讓我們在地上畫條蛇，先畫好的喝酒。』某甲先畫好了蛇，拿起酒來就要喝，一看別人還沒畫半條，於是左手拿著酒罈子，右手繼續畫著蛇，笑道：『哈哈！看我還能添畫蛇腳！』還沒等某甲把腳畫好，另外一個人的蛇也畫好了，搶過酒罈子，說道：『蛇本來沒有腳，你怎麼能替牠添畫腳？』說完就喝下那罈酒。某甲為了畫蛇腳，結果失去了他的酒。現在將軍幫助楚王攻魏，消滅了敵軍，殺了敵將，占領了八座城池，楚王的軍隊還沒疲憊，將軍還想攻打齊國；齊國很怕將軍，將軍顯顯威風也夠了，將軍的英名已經達到頂峰了。要知道：戰無不勝的人，要是不懂得適可而止，將招來殺身之禍，官爵將歸屬後來的人，就像畫蛇添腳一樣。」

昭陽於是停止攻齊，收兵回國。

俟（ㄙˋ sì）兼兩虎

楚國片面跟齊斷絕邦交，齊國就發兵來討伐楚國。客卿陳軫對楚懷王說：「大王不如送塊土地給東方的齊國解釋前嫌，一面跟西方的秦國拉關係。」

楚懷王就派陳軫出使秦國（西元前三一二年）。

秦惠王對陳軫說：「賢卿本來就是秦國的人，我和您又有舊交情。我不夠賢明，不能親自處理國事，以致使賢卿離棄我而侍奉楚王。如今齊楚兩國交戰，有的主張救齊有利，有的認為救齊不利。賢卿除了盡心為自己的主君謀劃外，難道不能把多餘的智慧為我著想嗎？」

陳軫回答道：「大王難道沒聽說過吳國人到楚國做官的故事嗎？楚王很喜歡這位客

卿，某次這位客卿病了，楚王特別問左右侍臣說：『是真病呢？還是思念故國呢？』左右侍臣回答說：『我不知道他是否思鄉，讓我再去探探；如果思念故鄉，病中就會哼出吳國腔來。』現在陳軫就要替大王哼出『吳國腔』。

大王沒有聽過管與的話嗎？有兩隻老虎因為爭吃人肉而搏鬥起來，管莊子準備去刺殺這兩隻老虎，管與卻阻止他，說道：『老虎是貪狠的大蟲，人肉又是牠們最香甜的食物；現在兩隻老虎為了爭吃人肉而打鬥，小的一定會死掉，大的一定會受傷。你等著去刺殺那隻受傷的老虎吧！這是一舉而殺兩虎的妙計。沒有刺殺一隻老虎的辛勞，倒獲得刺殺兩隻老虎的英名。』

如今齊楚兩國交戰，齊國注定戰敗；等齊國戰敗了，大王再派兵介入，既能獲得救齊的好處，又沒有伐楚的害處。採信了計謀，還懂得進一步反覆揣測的，只有大王能夠吧！計謀，是辦事的藍圖；採信，是存亡的關鍵。計謀錯了，採信錯了，還能夠保有國家的，少得很。所以說：計謀能夠再三反覆思慮的，就不會有錯誤；採信不失卻本末兼顧的，就不會被迷惑。」

黠（ㄒㄧㄚˊ xiá）麋困網

秦國攻打韓國宜陽時（西元前三〇八年），楚懷王對陳軫說：「寡人聽說韓國的公仲侈（當時守宜陽）是智謀之士，精通天下諸侯的政情，大概能夠守住宜陽城。正因為他能守住宜陽，寡人想趁這個機會送個人情給他。」

「算了！大王千萬別這樣做。」陳軫回答說：「公仲侈的智慧，這一次完全枯竭了。在棲息山川的野獸中，再沒有比麋鹿更狡猾的：麋鹿知道獵人先在前面張了網，才來趕牠去落網；因此就往回跑，猛撞獵人而突圍。老於狩獵的人知道牠的狡猾，於是張網朝前趕；麋鹿重施故技來撞人，就被網住了。現今諸侯明知公仲侈善於權詐之術，舉起網朝前趕的必然很多。請大王別做這個人情去討好他。公仲侈的智慧，這一次完全枯竭了。」

楚懷王採納了陳軫的建議，沒有向公仲侈送秋波。後來宜陽果然陷落（西元前三〇七年），不出陳軫所料。

獻珥知寵

齊威王夫人死了（西元前三二三年），有七名妙齡美女都很受威王的寵愛。薛公靖郭君田嬰，想知威王究竟要立哪一個美人為夫人，就獻給威王七副玉耳環，其中一副特別美。第二天，靖郭君看準哪個美人戴最美的耳環，就勸威王立她為夫人。

說海大魚

靖郭君田嬰打算築高封邑薛城時（西元前三二三年），很多賓客來諫阻他。靖郭君不耐煩，囑令傳達的人，不要替賓客通報。齊國有個人來求見說：「我拜見靖郭君時，只說三個字；要是多說一個字，我甘願被烹煮。」

靖郭君感到新奇，就答應接見他。這個客人快步走到靖郭君面前，一字一頓說：「海——大——魚。」

客人一說完，轉身就走。

「別走，你把話說清楚。」靖郭君趕緊制止他。

客人回答說：「小的不敢拿生命來開玩笑！」

「不怪你的，請詳加解說。」靖郭君催促他。

客人說：「閣下沒聽說過大魚嗎？大魚大到魚網不能夠抓牠、魚鉤不能夠牽動牠的時候，一旦自己放肆，離開了水，那麼連螻蛄、螞蟻都能隨心所欲享用牠了。如今齊國是閣下的水，閣下能夠永遠保有齊國，那還要薛做什麼呢？如果失掉齊國，即使把薛的城牆修得高聳雲霄，還是沒有一點用處的。」

靖郭君認為很有道理，於是停止修築薛城。

士為知己

靖郭君田嬰很器重食客齊貌辨。齊貌辨在做人方面，小毛病很多，食客們都討厭他。有一位食客叫做士尉，一再建議靖郭君把齊貌辨攆（ㄋㄧㄢˇ niǎn）走，可是靖郭君不聽，結果士尉就拂袖而去。靖郭君的兒子孟嘗君田文，也偷偷勸諫驅逐齊貌辨。靖郭君大發脾氣，罵道：「即使把你們都殺死，即使弄得我家破人亡，如果能夠使齊貌辨高興，我也在所不惜！」

於是田嬰特別撥上等的賓館給齊貌辨住，並且派長子朝夕伺候他吃飯。

幾年以後，齊威王死了（西元前三二一年），田嬰的異母兄宣王即位。靖郭君和宣王的感情很不好，就離開首都到封邑薛城去（西元前三二〇年），齊貌辨也一道去。住沒幾

天，齊貌辨向田嬰告辭，要求回首都晉見宣王。靖郭君捨不得他去，說道：「君王很討厭我田嬰，您去見他，豈不是找死！」

「我根本就不想活，請一定讓我走。」齊貌辨說。

靖郭君擋不了他，齊貌辨終於回到齊都臨淄。齊宣王知道他來，滿肚子怒氣等待著。

齊貌辨慢條斯理地，終於來拜見宣王。宣王破口就問：「你是靖郭君最聽從、最寵愛的人嗎？」

「說寵愛我，還可以談得上；至於說聽從我，卻沒這回事。」齊貌辨回答：「當大王還是太子時，我曾跟靖郭君說：『太子長得一副不仁的相貌，下巴太大，眼神如豬。讓這種人當國君，施政一定背離正道。不如把太子廢掉，改立衛姬之子郊師為太子。』靖郭君竟然哭著說：『不可以，我不忍這樣做。』假如當年聽從我的話，也不會有今天的禍患了：此其一。靖郭君到了薛城，楚相昭陽要用數倍之地來換薛，我又說：『一定要接受。』靖郭君卻說：『從先王承受的薛城，雖然後王討厭我，我這樣做，又怎麼對得起先王呢？況且先王的靈廟就在薛，我怎麼可以把先王的靈廟送給楚國呢？』靖郭君又不肯聽我的建議：此其二。」

齊宣王聽了這番話，長嘆一口氣，很認真地說：「靖郭君對我，竟然愛顧到這種地步！我為什麼沒留意到這些呢！您肯幫我請靖郭君回國嗎？」

「遵命。」齊貌辨回答。

於是靖郭君穿戴上齊威王的舊衣冠，佩上齊威王賞賜的劍，回到齊都臨淄（ㄗ zī）。宣王親自到郊外迎接靖郭君，一看到靖郭君就哭泣；因為靖郭君長得很像威王，讓他想起了父親。

靖郭君進宮以後，宣王請他出任宰相。靖郭君一再辭謝，最後不得已才接受了相印。可是才當了七天，靖郭君又稱病請辭；宣王不接受他的辭呈，每三天就去向他請教一次。

靖郭君真可稱得上善於賞識人才，唯其能賞識人才，遭到了非難才不至於動搖信心；這也就是齊貌辨樂於為他捨生赴難的原因呀！

反客為主

中山臣司馬憙（ㄒㄧˇ xǐ）派人到趙國去活動中山宰相的職位（西元前三二三年），公孫弘暗中知道了這件事。有一天，中山王出外巡視，由司馬憙擔任駕御，公孫弘陪坐在右邊。公孫弘乘機對中山王說：「做人臣子的，要是假借大國的威勢來為自己活動宰相，大王將怎麼辦呢？」

「我要吃掉他的肉，一點兒也不分給別人。」中山王說。

司馬憙一聽這話，就對著車前的橫木猛叩頭說：「我自己知道死期到了！」

中山王問道：「為什麼？」

「我可能要抵罪的。」

「繼續趕車走吧！我知道了。」

過了一段時間，趙國派人來中山，替司馬憙活動宰相。中山王很懷疑那是公孫弘設下的陷阱，公孫弘只好趕緊逃走。

行詐立后

陰姬和江姬爭立為中山王后（西元前三〇九年），司馬憙對陰姬的父親說：「如果能夠被立為后，就能擁有土地治理人民；如果不成功，恐怕連命都保不住。假如想成功，怎麼不來找我呢？」

陰姬的父親磕頭說：「要是如閣下所說的，那麼事成後怎麼報答，也不是一下子能說完的。」

司馬憙實際上很想鞏固自己的地位，於是上書中山王說：「我能夠使趙國衰弱，使中山強大。」

中山王看了很高興，就召見司馬憙說：「你快談談使趙國衰弱中山強大的方法。」

司馬憙說：「我還得前往趙國訪問，先觀察它的地形險阻、人民貧富以及君臣的優劣情形，然後才能訂下策略。」

中山王就派司馬憙到趙國考察。司馬憙到了趙國，晉見武靈王說：「我聽說趙國是天下能歌善舞的美女的搖籃，但是現在我來到趙國，遊覽邯鄲都城，觀察人們的習俗、容貌、儀態，根本沒發現特別漂亮的美女。大概因為我走過的地方太多了，看過的美女太美了。尤其是我從來沒見過像中山王陰姬那樣美的，不知道的人，還以為她是仙女呢！她的美，可不是言語所能形容的。她的容貌顏色，固然遠超過絕代佳人，她那嬌艷的面龐更是迷人，她的眼睛、鼻子、臉頰、眉毛、額角之美，真是該當帝王的后妃，不該只當諸侯的姬妾。」

趙武靈王動了心，哈哈大笑說：「我想把這位美人弄來，你認為怎樣？」

司馬憙說：「我只是私下念念不忘她的美，所以談起來就不能不稱道一番。如果大王想去求她，這就不是我敢談的。希望大王不要讓人知道我提過她啦！」

司馬憙推辭掉趙武靈王的請託，就回去向中山王報告說：「趙王並非賢王，不能去惹他。他不重道德而好女色，不好仁義而好勇力。我還聽說趙王想來要大王的陰姬妮！」

中山王聽了這話，立刻變了臉色。司馬憙緊接著說：「趙國強大，一定會來要陰姬的。假如大王不給，那國家就危險；給的話，就會被天下諸侯嘲笑。」

「那該怎麼辦呢？」中山王問。

司馬憙說：「大王馬上立陰姬為王后，來斬斷趙王的邪念。世界上還沒聽過向人要王后的；即使趙王想提出要求，鄰國也不會答應。」

於是中山王就冊立陰姬為王后，後來趙王也沒提出什麼要求。

不嫁之女

齊人去見處士田駢，說：

「聽說先生是位有操守的高逸之士，發誓不做官。假如先生真的不做官，我倒樂意為您服勞役。」

「您怎麼聽來的？我並沒做官呀！」田駢驚訝地問。

「我從鄰居的女子那裡聽到的。」齊人回答。

「她怎麼說呢？」田駢又問。

「我那個妙芳鄰存心不想出嫁，但是今年三十歲卻生了七個孩子。不想出嫁是不想出嫁，但是事實上等於嫁過了。現在先生存心不做官，但是卻享受千鍾的厚祿，僕役有一百

多名；不做官是不做官，但是卻和做官的人一樣富有。」齊人說。

田駢聽了，只能壓低聲音一再向齊人道謝。

明主貴士

齊宣王召見齊處士顏斶（ㄔㄨˋ chù），命令道：「斶，到前面來！」

顏斶也說：「王，到前面來！」

齊宣王很不高興。左右侍臣警告顏斶說：「王，是國君；斶，是臣子；王說『斶，到前面來』，斶也說『王，到前面來』，可以嗎？」

「要知道斶到前面來是貪慕權勢，王到前面來是禮賢下士。」顏斶答道：「與其叫斶貪慕權勢，不如叫王禮賢下士。」

「王者尊貴呢？還是士尊貴？」齊宣王聲色俱厲地問。

「士尊貴，王者並不尊貴！」

「有理由嗎？」宣王問。

「有的。」顏斶答道：「從前秦國攻打齊國，秦將下了一道命令說：『敢在柳下惠的墳墓周圍五十步以內砍柴的，處死刑！』又命令說：『能得到齊王人頭的，封萬戶侯，賞賜黃金千鎰！』這樣看來，活王的人頭，竟不如死士的墳墓。」

宣王不再吭聲，心裡很不高興。這時左右的人都說：「顏斶過來！顏斶過來！大王擁有千輛戰車的大國，鑄造了一千石重的大鐘和一萬石重的大鐘架；天下的士人，不管仁者智者都來為大王效命，有口才有智慧的人也都來貢獻意見，四面八方的人沒有不來服從命令的。大王所需要的東西無不齊備，全國人民無不心服。當今那最上等的士人，才稱做匹夫，鄙賤地生活在農村裡；那下等的更住在窮鄉僻壤，有的不過給老百姓看守里門。做士人的，太下賤了！」

「並不是這樣。」顏斶答道：「斶聽說古代大禹的時候，有一萬個諸侯國家。為什麼會這麼多呢？因為都能夠施行德政、尊貴士人呀！所以舜出身窮鄉僻壤，卻做了天子。到了湯的時候，諸侯國家還有三千；可是到了現代，南面稱王的只剩下二十四。由此看來，還不是因為不能尊貴士人，才一個一個被消滅掉？等到滅亡之後，後裔已絕，就是想替老百姓看守里門，還能夠辦得到嗎？《易傳（ㄓㄨㄢˋ zhuàn）》說：『居上位卻不實行一些具體的辦法，只喜歡標榜虛名的，他的行為一定流於傲慢奢侈；行為傲慢奢侈，凶險也就隨著

降臨。』所以不實行具體辦法而只喜歡標榜虛名的，土地就日漸縮小；不做好事而希望享福的，生活就日漸窮困；沒有功勞而妄得祿位的，個人就蒙受侮辱；這樣，禍患必定跟蹤而至。所以說：『只有好大喜功的野心，不能建功立業；只有空願而不去實行，無法使願望實現。』這就是只愛虛名和表面的浮誇，而不實際上真正做點好事的那類人呀。所以堯治天下，起用九個士人來輔佐他；舜治天下，結交七位士人做朋友；禹治天下，擢升五個士人幫他辦事；湯治天下，引拔三個士人做助手。從古到現在，沒有只愛虛名而能治天下的；可見君王不以屢次請教他人為羞恥，不以向下位的人學習為慚愧；所以堯、舜、禹、湯、周文王能夠建立德業，使功名流傳到後世。所以說：『無形是有形的主宰，事情未發生之前是事情已發生之後的根本。』既然上能溯知事物的本源，下能通曉事物的流變，做個最聖明的人，徹底明白事物發展的規律，怎麼還會有不吉祥的事情發生呢？老子說：『雖然尊貴，必以卑賤為根本；雖然崇高，必以低下為基礎。所以侯王自稱孤、寡、不穀，這是他們懂得雖尊貴卻應以卑賤為根本的緣故吧！』說到孤、寡這等名稱，本是代表人類最低下卑賤的地位的呀；高貴的侯王卻拿來自稱，難道不是自居人下而對士表示尊敬嗎？要知道堯肯把天下傳給舜，舜肯把天下傳給禹，周成王能夠任用周公旦，後世才一直稱他們為明主，正因為他們明白士人的可貴呀！」

齊宣王說：「唉！君子怎麼可以侮辱呢！這是我自討沒趣啊！現在聽了君子的話，才

知道不尊重士人原來是小人的行徑。我想請您收我為學生。顏先生要是同我交往，吃飯一定吃上肉，出遊一定有車坐，妻子兒女的衣服更是華麗無比。」

顏斶聽了齊宣王的話，立刻告辭說：「玉本來生在山裡，經過匠人的裁取就破了；這樣一來，玉的價值並不是不寶貴，卻已不能恢復原來璞石的面貌。士人也一樣，本來生在窮鄉僻壤，經過國君的提拔錄用而得到祿位；這樣一來，士的地位並不是不尊崇，卻已不能恢復原來的精神形貌。我顏斶寧願回到鄉野，故意晚一點吃飯，再粗劣的菜也像肉那麼香；安閒無憂地散步，也像坐車那麼舒服；雖然沒有祿位，卻不易得罪，也算是富貴了；清清靜靜地保持純正的節操，也可以自得其樂。叫我說話的是大王，盡忠直言的是斶。我想說的重要道理都說完了，希望放我回去，讓我安閒地走，回到我那在偏僻小邑的屋子！」

顏斶拜了兩拜就告辭走了。

顏斶知足了。像玉石反璞那樣，恢復了布衣面貌，便一生不會再遭遇到侮辱了。

王不好士

王斗先生來到王宮前，要見齊宣王，宣王叫侍臣請他進來。王斗卻說：「我去見君王，就表示我愛慕權勢；讓君王來見我，就表示君王喜歡士人。不知道君王要怎麼樣？」侍臣把這話回報齊宣王以後，宣王說：「請王先生等一等，讓我親自去迎接。」

宣王就到宮門口去迎接王斗，和他一起走進宮來。

宣王說：「我繼承先王的宗廟，維護社稷，早就聽說先生喜歡正言直諫，不避忌諱。」

「大王聽錯了，我降生於亂世，伺候昏亂的國君，怎敢直言正諫呢？」王斗回答。

齊宣王聽了滿臉怒氣，很不高興。過了一會兒，王斗又說：「從前先君桓公有五樣喜

好，終能九次大會諸侯，匡正天下，由周天子親授封地，立為太伯，當諸侯的領袖；現在大王也有四樣喜好，和先君桓公相同。」

宣王聽了這話，很高興地說：「我這麼鄙陋，治理齊國唯恐失誤，怎能有四樣和他相同呢？」

「別客氣！」王斗說：「先君喜歡馬，大王也喜歡馬；先君喜歡狗，大王也喜歡狗；先君喜歡酒，大王也喜歡酒；先君喜歡女色，大王也喜歡女色；先君喜歡士人，大王卻不喜歡士人。」

「當今這個世界根本沒有士，叫我去喜歡誰？」宣王忿忿不平地喊著。

「世界上沒有騏驎，騄（ㄌㄨˋ lù）耳等名駒，但是大王駕車的馬都齊備了；世界上沒有東郭俊、盧氏等名狗；但是大王的獵犬走狗已齊備了；世界上沒有毛嬙（ㄑㄧㄤˊ qiáng）、西施等美女，但是大王的後宮已住滿了妃嬪（ㄆㄧㄣˊ pín）。大王祇是不喜好士人罷了，哪愁沒有士呢？」王斗從容不迫地說。

「我天天憂心國家大事，關心老百姓的生活，實在很想得到真正的士來治理國家呀！」齊宣王說。

「大王的憂國愛民，還比不上愛一尺縐紗。」王斗說。

「什麼意思呢？」宣王問：「大王叫人做王冠，不叫左右親信的人做，而是叫專門製

帽子的人來做；為什麼呢？因為他會做呀！現在大王治理齊國，除了左右親信的人，一概不重用，所以我才說『比不上愛一尺縐紗』。」王斗解釋道。

「這樣說來，我真對不起國家。」宣王歉疚地說。

於是齊宣王就選拔了五位士人擔任重要官職，使得齊國大治。

久坐敗遇

齊閔王邀請燕、趙、楚三國宰相在衛國開會，卻不叫魏國參加。魏惠王很害怕，擔心他們會討論攻打魏國的事，於是就找公孫衍商量（西元前三二二年）。公孫衍說：「讓我去破壞他們，只要黃金一百斤。」

魏惠王趕緊替公孫衍準備車輛，裝上百斤黃金。公孫衍估計齊閔王到達的日期，率領五十輛戰車先到達衛國，把黃金百斤贈送給正在安排會場的齊國外交官，請求安排個時間讓他先晉見齊王。公孫衍果然搶先晉見，憑著他的才學識見，安閒從容地談天說地，坐了很久的時間，以致耽誤了原訂會議的時間。

那三國的宰相等得不耐煩，都在抱怨，一看到齊王都說：「大王跟我們三國相約要排

擠魏國，現在魏國派公孫衍來，大王卻跟他密談那麼久，是不是跟他圖謀三國呢？」

齊閔王分辯道：「魏王聽說寡人來，才派公孫子來問候寡人，寡人並沒跟他講什麼呀！」

燕、趙、楚三國宰相，都不肯相信齊王，結果會盟就流產了。

義渠襲秦

義渠國君到魏國的時候，魏將公孫衍對他說：「兩國路途隔得這麼遙遠，今後恐怕難得再拜見君王了，請聽我報告一點內幕消息。」

「很樂意聽聽。」義渠君說。

公孫衍說：「假如中原諸侯不攻打秦國，那麼秦將燒掉山野草木，修一條路去奪取君王之國；假如中原諸侯攻打秦國，那麼秦將派急使送重禮去巴結君王。」

「我會記住您的話。」義渠君說。

過沒多久，楚、燕、韓、趙、魏五國聯軍攻秦（西元前三一八年）。說客陳軫對秦惠王說：「義渠君是蠻夷諸國中的賢君，大王不如送重禮去安撫他，免得有後顧之憂。」

秦惠王同意了，就挑選五彩刺繡的細絹一千匹和美女一百名送給義渠君。

義渠君召集君臣開會，說道：「這就是公孫衍所說的內幕消息；秦國來通知我們出兵了。」

於是義渠君就把握良機，派兵偷襲秦國，在李帛城下大敗秦人（西元前三一八年）。

安敢釋卒

犀首和齊將田盼想率齊、魏二國之兵討伐趙國（約西元前三一八年以後，三一四年之前），可是魏襄王和齊宣王都不贊成。犀首繼續遊說兩國說：「只要兩國各派出五萬人，不超過五個月就可攻破趙國。」

田盼知道了，就見怪犀首說：「隨便用兵作戰的，國家容易陷入危險；隨便施展計謀的，自身容易遭到困窮。閣下把擊敗趙國的事看得太簡單，恐怕會招來後患。」

「閣下真是不夠聰明。」犀首說：「這兩位君王本來就不願出兵，假如閣下又提到用兵的艱難來嚇阻他們，這樣趙國就不用討伐，我們兩個人的計劃也報銷了。要是閣下乾脆說伐趙很容易，鼓動了兩國君王派兵伐趙；等到與敵接觸，要衝鋒陷陣的時候，齊王和魏

王一看戰事危險，又怎麼敢不加派軍隊給我們呢？」

「有道理！」田盼說。

田盼於是去鼓舞齊王和魏王採納犀首的計劃。犀首和田盼得到齊、魏各五萬的軍隊後，還沒有帶出國境，魏王和齊王都擔心會被打垮，又立刻動員全國軍隊緊隨在後面，終於大敗趙國。

跪行機穽（ㄐㄧㄥˇ jǐng）

魏將犀首率領魏軍跟齊軍戰於宋邑承匡，卻不能得利（西元前三一七年）。張儀趁機對魏惠王說：「他不採納我的話，終於危害到國家。」

魏惠王於是任命張儀為相。張儀以秦、魏為後盾，要到齊國去訂立連橫的盟約。犀首想要破壞張儀，就對衛嗣君說：「我並非跟張儀有私怨，只因為治國方法不相同罷了。請君王務必替我調解！」

張儀路過衛國（西元前三一七年），衛嗣君就把犀首的話轉告他，張儀答應了。於是犀首跟張儀都列坐在衛嗣君面前歡談，犀首還卑屈地跪地挪行幾步，向張儀稱「千歲」祝福。

第二天，犀首歡送張儀，禮節周致地一直送到齊國邊境。齊宣王知道了，對張儀大發脾氣，罵道：「犀首，是我的仇敵，你卻和他在一起，一定是狼狽為奸，合謀出賣我國。」

結果齊宣王不採納張儀的連橫之策。

禪讓亂國

燕王噲（ㄎㄨㄞˋ kuài）即位（西元前三二〇年）後不久，蘇秦在齊國被刺殺了（西元前三一七年）。當蘇秦在燕國時，跟燕國宰相結為兒女親（ㄑㄧㄥˋ qìng）家，而蘇秦的弟弟蘇代也跟子之很要好。等到蘇秦死了以後，齊宣王又重用蘇代。燕王噲三年（西元前三一八年），和楚、趙、韓、魏攻打秦國，無功而還。此後子之就當了燕國宰相（西元前三一七年），受燕王噲的重視而決斷國事。當蘇代為齊國送回燕國的質子時，燕王噲問蘇代說：「齊宣王為人如何？」

「一定不能稱霸天下。」蘇代回答。

「為什麼呢？」燕王噲又問。

「不信任自己的臣子。」蘇代回答。

蘇代這話的用意，是想刺激燕王更加信任子之。從此燕王果然更加信任子之。

子之送給蘇代百斤黃金，做為活動費用。蘇代利用外交使節的身分，就在燕國大搞其陰謀。燕臣鹿毛壽竟然向燕王噲建議說：「不如把國家讓給子之。人們所以稱頌唐堯為賢君，是因為他把天下讓給許由。事實上許由不接受，堯沒有喪失天下，卻有了讓天下的美名。如今大王把國家讓給宰相子之，子之必不敢接受；這樣大王就跟堯一樣享盛名了。」

於是燕王噲就把燕國政權都交付給子之。子之的權勢大大增加，簡直變成了國王（西元前三一六年）。

不久又有人向燕王噲說：「古時禹王把天下禪讓給賢臣益，卻用太子啟的人為官吏；等到禹王年老了，更確認太子啟不能繼承天下重任，於是就把帝位傳給益；不料啟卻和做官的黨徒攻擊益而奪得天下。這就等於是禹只在名義上禪讓給益，其實又叫啟自己去奪回。如今大王已經表示要把國家禪讓給子之，而官吏都還是太子的人；這就等於是名義上把國家讓給子之，而實際上卻由太子掌權。」

燕王噲想成就其禪讓的美名，就把俸祿在三百石以上的官吏印綬都收回，交給子之自行任命。從此子之就朝南而坐行使起國王的大權。燕王噲推託年老，再也不理政事，反而情願為臣，一切國事都由子之裁決。

子之即位的第三年（西元前三一五年），燕國發生大亂，百官都痛恨子之。將軍市被和太子平陰謀發動政變，推翻子之。

這時齊相儲子對齊宣王說：「趁燕國內亂，出兵討伐，必然能大敗燕國。」於是齊宣王就派人去向燕太子平說：「寡人聽說太子講義氣，將廢私情而立公理，以便整飭君臣的名分，重建父子的綱常。寡人的國家小，雖然不夠太子驅使，卻願意任隨太子差遣！」

燕太子平以為有了外援，就聚集黨徒和軍隊，由將軍市被率領，圍困王宮，攻擊子之。還沒攻破王宮，百官突然反攻太子平，將軍市被為太子奮戰而死。燕國這次內亂經過幾個月之久，死難的有數萬人。燕國人恐懼怨恨，百官都存心叛國。

孟軻對齊宣王說：「現在可以討伐燕國了。這是周文王、周武王表現大勇誅暴安良的良機，不可錯過。」

齊宣王於是派匡章率領五城的精兵，並動員北邊近燕地的軍民，以平亂安民為號召，大舉討伐燕國。燕國的士兵都不肯應戰，連城門都不關閉，齊軍如入無人之境。結果燕王噲被殺，子之出奔，齊軍乘機劫掠，獲得大勝利。

兩年以後（西元前三一二年），燕人深感亡國之痛，立太子平為王，這就是燕昭王。

伯樂相馬

蘇代替燕國去遊說齊國（西元前三一九年）。在沒晉見齊宣王以前，他先找淳于髡說：「有個賣駿馬的人，一連三天牽著馬站在市場，都沒有識貨的人。於是他去拜訪鑑馬名家伯樂，向他請求道：『明天請您到市場來，繞著我的馬相一相，離開的時候再回頭看一看，我就送您一整天的收入。』伯樂答應照辦，結果在一日之內馬價就漲了十倍。現在我想送匹駿馬給君王，可是沒有識貨的人。閣下願意做我的伯樂嗎？我有白璧一雙和黃金一千鎰，送給您充當馬的飼料。」

淳于髡說：「我樂意照辦！」

淳于髡就把蘇代這一匹駿馬介紹給齊宣王，齊宣王果然非常欣賞他。

兩頭得金

東周想要種稻子，西周不肯放水，東周為此很苦惱（西元前三〇七年）。蘇子對東周君說：「請派我到西周去，我能夠叫他們無條件放水。」

蘇子到了西周，對西周君說：「君王的計劃錯了。你們不放水，等於讓東周富足。現在他們都改種麥，不種其他的了。假如君王想害東周，不如馬上放水，把東周所種的麥毀掉；如此，東周一定改種稻，等他種了稻再斷水。這樣一來，東周的百姓完全仰賴西周，那一切只有聽從君王的了。」

「這的確是好辦法。」西周君說。

西周果然放了水，蘇子也分別從東西兩周得到金錢的報酬。

免徵甲粟

當楚國攻打韓國雍氏時（西元前三〇七年），韓國向西周徵兵徵糧。周王為此十分苦惱，就找蘇代商量。蘇代說：「這有什麼好煩惱的？蘇代能夠使韓國不向西周徵兵徵糧，又可以替君王弄到韓國的高都。」

「要是賢卿有這番能耐，寡人以後都將聽從賢卿的了。」周王高高興興地說。

於是蘇代就來到韓國，拜見相國公仲侈，遊說道：「閣下沒聽說楚國的計謀嗎？楚將昭應曾對楚懷王說：『韓國疲於兵禍，糧倉空虛，沒力量守住城池，假如趁著韓國的饑荒攻打雍氏，不到一個月就可以攻下。』如今包圍雍氏已經五個月，仍然沒有攻下，楚國也疲憊不堪了，楚王也開始懷疑昭應的話了。現在閣下竟然向西周徵兵徵糧，這明明是告訴

楚國：韓國已經精疲力盡，你們再接再厲吧！昭應聽到以後，一定勸楚王增派部隊來包圍雍氏，雍氏必然守不住。」

「先生的見解很高明。」公仲侈說：「可是，我派的使者已經上路了。」

「那閣下為什麼不順便把高都送給西周呢？」蘇代說。

「我不向西周徵兵徵糧，已經對西周不錯了，為什麼還要把高都送給他呢？」公仲侈憤憤地說。

「把高都送給西周，西周一定會回過頭來跟韓國要好；秦國知道了，必然大為震怒而焚毀西周的符節，斷絕使臣往來。這樣子，閣下等於拿一個貧困的高都換得一個完整的西周啊！為什麼不給呢？」蘇代說。

「這個意見還不錯！」公仲侈說。

於是公仲侈就取消了向西周徵兵徵糧的事，反而把高都奉送給西周，楚國也終於撤兵，不再攻打雍氏。

桃梗漂漂

孟嘗君田文打算應邀到秦國去訪問，有上千的人勸阻他，他一概不聽。蘇代也想來勸他（西元前三〇〇年），孟嘗君很不耐煩地傳下話說：「關於人的事，我都懂了；我沒聽說過的，只有關於鬼的事罷了。」

「我這一趟來，本就不敢談人事，正想談談鬼事。」蘇代表明自己的談論主題。

孟嘗君只好接見蘇代。蘇代對孟嘗君說：「這次我來齊國，經過淄水時，看到一個土偶人和一個桃木刻的人在鬥嘴。木偶對土偶說：『你本是西岸的泥土，被揑成一個人形；到了八月裡，下場大雨，淄水一上漲，你就毀壞了。』土偶說：『不要緊，我本來是西岸的泥土，毀壞了還是泥土，仍舊歸西岸。你是東國的桃木梗，被刻削成一個人形；等下場

大雨，淄水一上漲，水就會把你沖走，到那時你將不知漂泊到何處呢！』現在的秦國是個四面險固的國家，就像虎口一般，閣下一旦進入，我就不知閣下能從那條路逃生了。」

孟嘗君仔細一思量，就打消了去秦國的念頭。

糜爛齊民

蘇代從齊國派親信黨徒對燕昭王說（西元前二八四年）：「我離間了齊、趙，齊國已陷於孤立，大王何不出兵來攻打齊國？我可以為大王削弱齊的軍力。」

於是燕國就派兵攻打齊國的晉城（西元前二八四年）。

蘇代指派黨徒去向齊閔王說：「燕出兵攻打齊國，是企圖收復以前的失土。燕軍駐紮在晉城而不繼續進攻，一定是兵力薄弱，又沒有固定的戰略。大王何不派蘇代領兵迎戰燕軍呢？憑蘇代的賢能，率大軍攻打弱燕，燕軍必然崩潰。燕軍一旦覆敗，趙國就不敢不聽從齊的號令。這樣大王既打垮燕國，又征服了趙國咯！」

齊閔王說：「確實是好意見。」

齊閔王就把蘇代找來，對他說：「燕軍竟然攻打到晉城，寡人決心痛懲他，希望賢卿為寡人領兵作戰。」

蘇代推辭道：「領兵作戰的事，我怎麼能夠勝任呢！大王還是改派別人。大王派我為將，等於是叫大王的軍隊覆敗，而把我送給燕國當俘虜。這一場戰爭如果不能勝利，那齊國就無藥可救了。」

「辛苦一點吧！寡人瞭解賢卿的。」閔王說。

蘇代勉為其難地率軍出征，和燕軍戰於晉城之下。齊軍已注定要敗北的；燕軍斬獲全副武裝的齊軍首級二萬多。

蘇代率領殘餘部隊退守陽城，上書給齊閔王說：「由於大王錯誤的任命，偏要派臣去迎戰燕軍，如今軍隊覆敗，喪失二萬人。臣該當被處以斬首之罪，臣就自動到法官處接受誅戮吧！」

齊閔王答覆道：「這是寡人的過失，賢卿不用自責。」

第二天，蘇代又暗示燕軍攻打陽城和狸城。

蘇代又指派黨徒去向齊閔王說：「前天齊軍在晉城下沒打勝仗，這不是戰術的錯誤，只是齊國運氣不好，而燕國僥倖點罷了。現在燕軍又來攻打陽城和狸城；這簡直是把意外的幸運當作自己的戰功，才會如此狂妄。由於前天蘇代已打過敗仗，大王要是再派蘇代迎

戰，他必定盡力以勝利的果實來報效大王。」

「對的！」齊閔王說。

於是齊閔王又派蘇代為將。蘇代一再推辭，齊閔王不答應，只好又勉為其難地率兵跟燕軍在陽城交戰。齊軍早注定要覆敗的；燕人大勝，斬獲齊軍首級三萬多。

齊國因為任用客卿為將，連續吃了兩次大敗仗，因而導致君臣互相責難，百姓對政府的信心也動搖了。於是燕國就派樂毅乘機大舉伐齊（西元前二八四年），把齊國徹底蹂躪（ㄖㄡˊ ㄌㄧㄣˋ róu lìn）了（西元前二八〇年）。

鷸蚌（ㄩˋ ㄅㄤˋ yù bàng）相爭

趙國就要派兵攻打燕國（西元前二八三年），蘇代替燕國去遊說趙惠文王說：「今天我來貴國，經過易水的時候，看到一隻蚌正張開殼露出肉來曬太陽，可巧有一隻鷸鳥撲過來就叼住牠的肉，蚌趕緊閉起殼來夾住鷸的尖嘴。鷸鳥猛撲著翅膀叫道：『今天不放你下水，明天不放你下水，就會有死蚌。』蚌也對鷸鳥恐嚇說：『今天不放你飛走，明天不放你飛走，就會有死鷸。』牠們兩個不肯互相釋放，有個漁翁走過來，順手就把牠們都捉去了。現在趙國要去攻打燕國，假如兩國久久相持不下，以至於精疲力盡，我怕那強秦就要當漁翁了！希望大王仔細考慮考慮！」

「很有道理。」趙惠文王說。於是趙國就取消攻打燕國的計畫。

東西皆賊

楚相昭翦（ㄐㄧㄢˇ jiǎn）跟東周的關係很壞。有人對昭翦說：「我來講一則跟閣下有關係的陰謀詭計。」

「是什麼呢？」昭翦急著問。

「是這樣的。西周極恨東周，一直希望東周跟楚國鬧翻。西周一定會派刺客殺害閣下，然後就宣稱是東周幹的，好讓楚王痛恨東周。」

昭翦冒著冷汗，說道：「的確如此。我也怕東周來暗殺我，藉此誣賴西周，好讓楚王厭惡西周。」

於是昭翦馬上跟東周和解。

反間（ㄐㄧㄢˋ jiàn）殺人

西周大臣昌他逃亡到東周，把西周的機密都洩漏了，東周王很高興。西周王為此而暴跳如雷，策士馮睢（ㄐㄩ jū）對他說：「我能夠殺掉昌他，只要君王的三十斤黃金。」

馮睢派人拿著黃金和書信，偷偷混進東周，送給昌他。那封信寫道：「敬告昌他：事情有成功的希望就努力完成它，沒有成功的希望就趕緊溜回來。時間拉長了就會洩漏機密，到時候豈不是白白送命？」

另一方面，馮睢又派人向東周管出入境的官吏告密說：「今晚有間諜潛進城裡。」東周邊吏果然逮捕了那個送信的人，昌他也就被殺了。

祭地為祟（ㄙㄨㄟˋ suì）

趙國奪取周的祭地，周君為這件事而苦惱，找鄭朝來商量。鄭朝說：「君王不必為這件事憂心，請讓我憑三十金去收回來。」

鄭朝拿了三十金去賄賂趙國的太卜，把趙國占領祭地的事告訴他。不久趙王生了病，叫太卜來占卜病因。太卜趁機怪罪趙王說：「這是周的那塊祭地在作祟。」

趙王就趕緊把那塊祭地還給周君。

豺狼逐羊

秦國大臣司馬錯跟宰相張儀，在秦惠王面前發生爭論（西元前三一六年）。司馬錯主張秦國應該先去攻打蜀國；張儀卻唱反調說：「不如先去攻打韓國。」

秦惠王就叫張儀說出理由來。張儀滔滔陳述道：「我們先跟楚、魏兩國結盟，然後兵臨韓地三川，堵住轘轅（ㄏㄨㄢˋ ㄩㄢˊ huàn yuán）、緱（ㄍㄡ gōu）氏的通口，擋住屯留的道路，約請魏國斷絕韓的南陽，叫楚軍進逼周的南鄭，秦兵就可打進韓的新城、宜陽，直抵東西二周的城外，聲討周靚（ㄐㄧㄥˋ jìng）王的罪狀。周王自知沒辦法解救，必然會把九鼎獻出來。我們得到了九鼎，再按照天下土地人口的圖籍，便可以挾持天子來號令諸侯，天下又有誰敢不聽命呢？這就是霸王之業呀！至於那蜀國，只是西方邊遠的小國，不過是野蠻部落的領袖罷了。就算勞師動眾滅了它，也不足成就霸王之名；占領了它的地盤，也得不到什麼好處。臣聽說：『爭名的人要在朝廷爭，爭利的人要在市場爭。』現在三川、周室，正是天下的市場和朝廷；大王卻不去爭，反而向野蠻地方去求，這就和霸王之業離遠了。」

「不對！」司馬錯等張儀一說完，立刻說：「臣聽說過：『要使國家富強，必須先擴張領土；想要兵強馬壯，必須先使人民富足；想稱王於天下，必須先廣施恩德。這三個條件具備了，那麼霸王之業就會跟著實現。』如今大王的地盤還狹小，人民又貧窮，所以臣希望大王從容易的地方先著手。就因為蜀國是一個偏僻的小國，不過是野蠻部落的領袖，卻有反抗暴君的變亂，如果用秦國的兵力去攻打它，就好像叫豺狼去驅逐羊群那般容易呀！得到它的地盤，可以擴大版圖；得到它的財物，可以富足百姓；只要展現軍事力量，用不著損兵折將，它就會乖乖歸順。所以秦雖然滅了一個蜀國，天下人卻不會以為殘暴；即使刮盡了西陲的財富，諸侯也不會以為貪婪。我們只此一舉，就有名義上和實際上的兩種收穫，並且還有除暴安良的美名。假如現在我們去攻打韓國，那就等於是劫持天子；劫持天子，是最不好聽的呀！就算劫持了，未必有什麼好處，反而落得一個不義的醜名。攻打天下人都不願意它滅亡的周天子，實在是一件危險的事。現在就讓臣來分析危險的原因：周天子，是天下的共主；齊國，是韓國的盟邦。要是攻打韓國，周朝自知要喪失九鼎，韓國自知要失去三川，那麼他們兩國必然精誠合作，再透過齊、趙兩國的關係，疏

通楚、魏兩國解圍退兵，自動把九鼎獻給楚，把三川割讓給魏，到時候大王就沒辦法制止了。這就是臣所說的危險；所以說伐韓實在不如先伐蜀的萬全。」

秦惠王聽了司馬錯的雄辯，馬上說：「好！寡人就聽你的。」

秦國終於派兵去攻打蜀國。經過十月的征討，平定了蜀國，把蜀君改稱為侯（西元前三一六年），並派陳莊去做蜀國的丞相（西元前三一四年）。蜀地歸屬於秦以後，秦國越發強盛富足，從此就看不起各國諸侯了。

欺以六里

齊國幫助楚國攻秦，占領了秦國奪自魏國的曲沃。後來秦國想要伐齊報仇，但是齊、楚兩國邦交密切，秦惠王覺得討厭，便對丞相張儀說：「我要討伐齊國，無奈齊、楚兩國正要好，賢卿請為我策劃一下。怎麼樣呢？」

「請大王替我準備車輛和錢財，讓我我去試看看。」張儀說。

於是張儀就到楚國去遊說楚懷王（西元前三一一年），說道：「敝國的君王最喜歡的人莫過於大王，而張儀所最願侍奉的也莫過於大王；敝國的君王最痛恨的人莫過於齊宣王，而張儀所最不願侍奉的也莫過於齊宣王。齊王的罪惡，對秦王來說可真太大了，因此秦國想要討伐他；但是貴國卻跟他那麼要好，以致敝國的君王無法好好侍奉大王，而張儀也不

能做大王的臣子。大王如果能夠把關口封鎖和齊國絕交，我可以叫秦王把我的封地商於方圓六百里的土地獻給大王。這一來齊國喪失了後援，必然衰弱；齊國衰弱，就必定聽從大王的號令了。北面削弱了齊國的勢力，西面對秦國施恩，又獲得商於方圓六百里的土地，這真是一舉三得的上策。」

楚懷王高興極了，趕緊在朝廷裡宣布說：「我得到商於方圓六百里的土地！」群臣聽了這消息都紛紛賀喜。客卿陳軫最後晉見，根本就不道賀。楚王詫異地問：「我不發一卒、不傷一人，而得商於六百里地，我認為這是外交上的一大勝利，朝中文武百官都道賀，為什麼賢卿單單不道賀呢？」

「我看商於之地不能得到，反而會招惹禍患，所以不敢隨便道賀。」陳軫回答。

「這是什麼話呢？」懷王責問。

陳軫回答說：「秦國所以重視大王，是因為大王有齊國這樣一個強大的盟邦。如今還沒有得到秦的土地，卻先斷絕齊國的邦交，楚國就孤立無援了；秦又怎麼會重視一個孤立無援的國家呢？何況如果先叫秦割讓土地，楚國再去跟齊國絕交，秦國必不肯這樣做。要是楚國先斷絕了齊國的邦交，而後要求秦國割讓土地，將受到張儀的欺騙而得不到土地；受了張儀的欺騙，大王必定痛恨他。結果是西面惹出秦國的禍患，北面斷絕了齊的邦交，這樣兩國的兵必定會逼臨楚國的。」

楚懷王不但不聽，反而申斥道：「我的事籌劃好了，你閉住鳥嘴，不要再說，等著瞧我的！」

於是楚懷王就派人到齊國去宣布斷交；派去的人還沒回來，又派出第二批絕交團。

張儀回到秦國，趕緊派使節到齊國去遊說，齊秦兩國就暗中締結了軍事聯盟。

當楚懷王派一名將軍去秦國接收土地時，張儀竟然裝病不上朝。楚懷王得到報告，滿懷委屈地說：「張儀認為我跟齊國絕交還不夠誠心嗎？」

楚懷王趕緊加派一個勇士到齊國去臭罵齊王。

張儀在證實楚國確實和齊國絕交後，才出來接見楚國派來的索土使臣，指著地圖說：「敝國贈送貴國的土地，從這裡到這裡，總共方圓六里。」

「我聽說是六百里，沒聽說是六里。」楚國使臣很驚訝地說。

「我張儀不過是個微不足道的小官，哪來六百里廣大的采邑？」

楚國使節氣忿忿地回國報告。懷王大為震怒，準備發兵攻打秦國。這時陳軫走過來請示道：「現在我可以說話嗎？」

「可以！」懷王沒好氣地說。

「攻打秦國，不是辦法。」陳軫冷靜地說：「大王倒不如趁機再送給秦一個大都市，跟秦連兵伐齊。如此或可把損失於秦國的，再從齊國補償回來，楚國不就沒有損失了嗎？

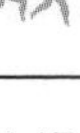

大王如今已跟齊國絕交，還要去責備秦國的失信，那就等於是在促進齊、秦兩國的邦交。要是如此，到時候楚國必定損失慘重。」

楚懷王不採納陳軫的話，還是派兵攻打秦國（西元前三一二年）。於是秦、齊兩國組成聯合陣線，韓國跟著也加入軍事同盟；結果楚軍在杜陵被三國聯軍打得慘敗。

美人縱囚

楚懷王拘留張儀（西元前三一一年），將要殺死他來洩被欺之恨。懷王的佞（ㄋㄧㄥˋ nìng）臣靳（ㄐㄧㄣˋ jìn）尚對懷王說：「拘留張儀，秦王（惠文王）必定憤怒；天下諸侯一看楚國失去了秦國盟邦，楚國的國際地位就低落了。」

靳尚又去向懷王的寵妃鄭袖說：「您可知道快要失寵於大王嗎？」

「什麼緣故？」鄭袖急著問。

靳尚慢慢地說：「張儀，是秦王最忠信有功的臣子，現在被拘留在楚國，秦王想要救他。秦王有個美麗的公主，打算把她嫁過來，並精選宮中能歌善舞又好玩的美女陪嫁，另外還有各種金玉寶器，以及上庸六縣的湯沐邑（封地）；這些正想經由張儀獻給大王。大

王必定寵愛秦國公主，而秦國公主也將仰仗強秦來抬高身價，更以寶器封地為資本，勢將被冊立為王后而傲視於楚國。大王沉迷於娛樂，必然非常寵愛秦國公主而忘掉您的好處，您注定將被賤視而日益疏遠。」

「閣下幫個忙吧！我該怎麼辦呢？」鄭袖著急地說。

靳尚說：「您為什麼不趕快建議大王釋放張儀？張儀如果獲得釋放，對您將感激不盡，秦國的公主就不會來，秦國也必然重視您。您在國內擁有崇高的地位，在國外又有秦國的交情，並且留個張儀可供驅遣，您的兒子必定成為楚國太子。這不是一件普通的利益呀！」

鄭袖立刻去纏住楚懷王，為張儀說情，懷王就把張儀釋放了。

自取其刺

楚懷王將要釋放張儀（西元前三一一年），又擔心張儀會欺騙自己。佞臣靳尚就對懷王說：「讓我跟著張儀一起走。假如張儀做出對不起大王的事，我就把他殺掉。」

楚國有一個小官，是靳尚的仇敵，他對魏國重臣張旄（ㄇㄠˊ máo）說：「憑著張儀的智慧，假如被秦楚重用，那閣下必定陷於窮途末路。閣下不如派刺客偷偷把靳尚幹掉，如此楚王必然懷疑是張儀幹的而恨透了他。那張儀一失勢，閣下就會受到重視；楚、秦一交戰，魏國也就太平無事了。」

張旄果然派人刺殺了靳尚。楚懷王為此而非常憤怒，立刻發兵攻秦。秦、楚爭相拉攏魏國，張旄果然受到重視。

妾婦之道

張儀在楚國很窮困（西元前三一一年），他的門徒都受不了，很生氣地要回去了。張儀說：「你們一定為了衣服帽子都穿破了才要回去。稍等一下，我為你們去晉見楚王，弄幾個錢。」

那時南后和鄭袖在楚國很受懷王的寵愛。

張儀晉見懷王，懷王並不高興。張儀說：「大王如果不能重用我，我就要北上見魏惠王了。」

「你就去吧！」楚懷王說。

「大王對魏國有什麼需求呢？」張儀問。

「黃金、珠璣（ㄐㄧ ji，璣是不圓的珠子）、犀牛角和象牙，都是楚國的產物，寡人對魏國沒有什麼需求。」懷王說。

「大王只是不喜歡美女罷了！」張儀說。

「你說什麼？」楚懷王趕緊追問。

「那鄭、周一帶的美女，臉蛋白膩膩的，眼珠黑溜溜的，當她們站在街上時，不認識她們的人，還以為是仙女哪！」張儀回答。

「楚國偏僻鄙陋，我還不曾見識中原的美女。像賢卿所說這種如神仙的美女，寡人要是看了，怎麼會不動心呢？」楚懷王說。

於是楚懷王就資助張儀很多珠玉。

南后和鄭袖聽了大為恐慌。南后立刻派人對張儀說：「聽說將軍要前往魏國，我剛巧有黃金千斤，獻給將軍做旅費。」

另外鄭袖也送了五百斤黃金。張儀的那些門徒，樂得都不想走了。張儀橫下心，去向楚懷王辭行，說道：「天下隔絕，交通不便，不知哪一天才能再見，請大王賜杯酒喝！」

「好的！」楚懷王說。

懷王設酒宴款待張儀，張儀也就亂扯些美女的故事來迎合他。張儀喝得半醉時，站起來向懷王跪拜說：「這裡又沒有外人，請大王叫寵幸的妃子來一起喝酒吧！」

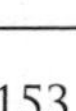

懷王就叫南后和鄭袖出來給張儀敬酒。過了一會兒，張儀又向懷王再三跪拜說：「我得罪了大王，罪該萬死！」

「為什麼？」懷王問。

張儀說：「我走遍天下，還不曾見過像大王的妃子那樣美的。前天對大王說要替大王尋覓美人，豈不是等於欺騙了大王？」

「賢卿把那件事忘了吧！我本來就認為天下再沒有比她們更美的了。」懷王說，樂得哈哈大笑。

反覆詭詐

張儀臣事秦惠王，頗有權勢。惠王死後，武王即位，仍然重用他，左右親近的人就誹謗（西元前三一〇年）說：「張儀臣事先王不忠心。」話沒說完，齊國派來責備武王任用張儀的使臣又到了。張儀聽到了這些事，就對武王說：「我有一項愚蠢的計策，願意獻給大王。」

「怎樣呢？」武王問。

「我替社稷設想：當東方有極大的變故，大王才可以多割取土地。」張儀回答：「現在齊宣王恨死了張儀，無論張儀在哪一個國家，齊王必定發兵攻打。所以我想向大王乞討我這無用之身前往魏都大梁，到時齊國必定派兵攻魏。等齊、魏之軍相持不下，大王就可

以乘機伐韓，入三川之地，進一步揮軍東出函谷關，兵臨西周，取得天子的祭器，然後挾持周天子，根據地圖和簿冊統治天下：這就是帝王的事業呀！」

秦武王被說動了，就派三十輛兵車，把張儀護送到魏都大梁。齊王果然發兵攻魏；魏襄王非常恐慌。這時張儀就說：「大王不用憂慮，我可以讓齊國退兵。」

於是張儀選派親信馮喜繞道前往楚國，找個差事到齊國去。馮喜把齊、楚間的差事辦妥了，就對齊宣王說：「聽說大王非常痛恨張儀，但是大王卻對他那麼寬厚，還把他推薦給秦王。」

「我恨死了張儀，不管他在哪一國，我一定發兵攻打，怎麼說我在推薦張儀呢？」齊宣王問。

「這樣做，正是在推薦張儀呀！」馮喜說：「當張儀離開秦國時，曾經和秦王有過祕密協定。」

馮喜就把張儀向秦武王說過的話一一洩漏了，又說：「如今大王果然發兵攻魏，張儀一定樂得鼓掌大笑。大王勞動臣民去攻打盟國，弄得本身疲敝，又多結仇怨，只是使張儀說過的話完全兌現：這樣豈不是把張儀推薦給秦王嗎？」

齊宣王恨恨地罵道：「該死的！」

於是齊宣王就下令把攻魏的部隊調回。

老妾事主

張儀出奔到魏國（西元前三一〇年），魏襄王準備歡迎他。齊人張丑建議魏王不要收留張儀，魏王沒採納這項建議。張丑退朝後，又跑去向魏襄王說：「大王聽說過老妾侍奉主婦的下場嗎？孩子長大了，姿色也衰老了，只好改嫁算了。現在我侍奉大王，就像老妾侍奉主婦。」

魏襄王為了張丑，一時間沒有讓張儀進入都城。

寶珠脫身

齊臣張丑在燕國當人質，由於燕惠王想殺他，就趕緊逃亡。當快要逃出燕國邊境的時候，卻被邊防軍官逮捕了。張丑對邊防軍官說：「燕王所以要殺我，是因為有人說我有價值連城的寶珠，燕王想要吞占；我回說已經丟掉了，燕王不肯相信，硬是要我獻給他。假如你把我押到燕王那裡，我就說你搶走我的寶珠吞進肚裡去了；那麼燕王一定會殺死你，剖開你的肚子，把你的腸子翻來覆去地尋找。唉！一個貪得的國君，絕對不能和他扯上財貨的糾紛。我快要被腰斬而死，你的腸子也將被切成一寸一寸，真是冤枉！」

那位燕國的邊防軍官一聽這話很恐慌，趕緊把張丑釋放了。

緩於事己

衛派賓客前往魏國報效，可是過了三年卻沒見到魏王。衛國賓客很難過，就去拜見梧下先生（西元前三一七年），請他幫幫忙，答應酬謝一百金。梧下先生滿自負地說：「沒問題，看我的！」

梧下先生去晉見魏王說：「我聽說秦國又出兵了，不知開往哪裡？秦、魏雖有邦交，卻很久沒重溫了。希望大王專心一致侍奉秦國，不要搞其他的計謀。」

魏襄王說：「好的。」

梧下先生快步走出宮廷，但走到宮門口卻又折回來說：「我擔心大王侍奉秦國會慢吞吞的。」

「何以見得呢？」魏襄王問。

梧下先生說：「一般人對於侍奉自己的事都操之過急，對於侍奉別人的事都過於緩慢。如今大王對於侍奉自己的事都不急了，怎麼能夠急於侍奉別人呢？」

「先生怎麼這樣說呢？」

「那衛國派來侍奉大王的賓客，待了三年都沒召見，所以我才認為大王侍奉秦國會慢吞吞的。」

魏襄王覺得不好意思，趕緊接見了衛國賓客。

要言失時

有個衛國人去迎娶新娘。新娘一上花車就問道：「兩旁的馬是誰的馬？」車夫說：「是借來的。」

新娘對僕人說：「打兩旁的馬，不要打中間的。」

花車回到了新郎家門口，新娘剛被扶下花車，又對陪嫁的喜娘說：「趕快回去，把爐灶的火熄滅，不然會失火的。」

新娘走進房間，看到石臼，又說：「把石臼搬到窗子底下，不要妨礙人的來往。」

主人家聽了都笑呵呵。其實新娘子說的這三句話，都是很精明的話，然而不免被人嘲笑，那是因為說話的時間不恰當哪！

相國中計

東周的共太子死了（西元前三一五年），武公的五個庶子都頗得歡心，不知將冊立誰為太子。楚卿司馬翦對楚懷王說：「何不把楚地封給公子咎，以便請求周君立他為太子？」

說客左成卻對司馬翦說：「周君要是不採納，閣下不但將陷於尷尬，而且勢將跟周絕交。倒不如先對周君說：『要立誰為太子，請偷偷告訴翦，以便翦叫楚王資助他土地。』假如閣下真想去輔立周太子，還得去跟相國的家臣廧（ㄑㄧㄤˊ qiáng）夫空放空氣說：『楚王好像有意叫司馬翦去辦這件事。他是個搞權勢的人，留在國內對相國礙手礙腳的。』」

相國果然派司馬翦去輔佐周太子。

鼎重難移

秦國派兵威脅周朝，向東周君要求九鼎（西元前三一四年）。周君很憂慮這件事。朝臣顏率（ㄌㄩˋ lǜ）說：「大王不用擔心，我能夠向齊國討救兵。」

顏率到了齊國，對齊王說：「秦王暴虐無道，竟敢派兵威脅周君，要求九鼎。我們東周君臣都認為與其把九鼎送給暴秦，倒不如送給貴國。挽救危亡的國家，有美好的名聲；得到象徵天下主權的九鼎，是厚重的果實；所謂名至而實歸，希望大王積極爭取。」

齊王聽了非常興奮，立刻派遣五萬大軍，任命陳臣思為統帥，浩浩蕩蕩前往救助東周。秦兵知難而退了。

齊王照約定向周君要九鼎，周君又為這件事憂愁。顏率說：「大王不用擔心，我能夠

解決這件事。」

顏率來到齊國，對齊王說：「東周仰賴貴國的義舉，君臣父子才能平安無事，因此很樂意把九鼎獻給大王。請問貴國要打從哪條路把九鼎運回來？」

「我打算向梁國借路。」齊王說。

「不行的！」顏率說：「梁國君臣想得到九鼎，在暉臺和少海一帶已經打算好久了。九鼎一旦進入梁國，一定運不出來。」

「那麼我就向楚國借路吧！」齊王又說。

「這也不行。」顏率回答道：「楚國君臣想得到九鼎，在葉（ㄕㄜˋ shè）庭已經謀劃很久。假如九鼎進入楚國，一定運不出來。」

「那麼我究竟能從哪兒把九鼎運回齊國呢？」齊王問。

顏率回答道：「敝國早就私下為大王操心這件事。要知道，那九鼎並不像醋瓶醬罐那樣，藏在懷中或抓在手裡就可以輕易拿到齊國的；也不像野鳥的凌空、烏鴉的飛翔、兔子的逃逸、戰馬的奔馳那樣，可以很快地進入齊國。古時候周武王討伐殷紂，得到了九鼎，每一個鼎就動用了九萬人搬，九九共要八十一萬人；此外還得配備警衛的兵士，又要準備搬運工具和被服糧餉等物資。憑大王的人力物力，搬運當然不成問題；但究竟要打從哪兒運出來，臣私下真為大王擔憂。」

「這樣說，賢卿幾次來我國，還不是不想把九鼎送給我啦！」齊王偏著頭說。

「豈敢豈敢！」顏率趕緊解釋：「請大王趕快決定從哪條路搬運，敝國立刻遷移九鼎，聽候大王的命令。」

齊王沒奈何，只好打斷取得九鼎的念頭。

且正言之

周臣顏率想會見韓相公仲，公仲不願見他。顏率就對公仲的禮賓官說：「公仲一定認為我撒謊，所以不願意見我。公仲喜歡女色，我卻說他喜歡賢士；公仲一毛不拔，我卻說他樂善好施；公仲品性不端，我卻說他急公好義。從今以後，我將據實而言了。」

公仲聽到禮賓官的轉告以後，立刻出來迎接顏率。

求千里馬

燕昭王收復了殘破的燕國即位為王（西元前三一一年）後，就卑躬屈節地用優厚的禮物去招賢納士，一心一意想要報仇。他親自去拜訪燕人郭隗（ㄨㄟˇ wěi）先生說：「齊國乘我內亂而攻破燕國，這是不共戴天的奇恥大辱。我很明白燕國弱小力薄，不足以報仇；然而要是能得到賢士一起來共理國政，也許能洗雪先王的恥辱。這是我最大的心願呀！請問怎麼樣才能得到賢士來為國報仇呢？」

郭隗先生回答說：「能建立帝業的君主和師傅在一起，能建立王業的君主和朋友在一起，能建立霸業的君主和臣子在一起，國家將滅亡的君主和奴僕在一起。拱手為禮而侍奉賢人，面向北方接受教導，比自己好一百倍的人就會來；做事跑在前面，休息落在後頭，

先請教而慢閉口，比自己好十倍的人就會來；別人趨前，自己也跟著趨進，和自己同樣的人就會來；靠著桌子拿著枴杖，斜著眼睛指揮別人，奴僕一類的人就會來；如果暴戾地動粗打人，跳躍頓腳，發怒呵叱，一般卑鄙的下等人就會來：這些都是古來通行的招致士子的方法。大王要是能廣泛招選國內的賢人，親自登門拜訪他們，使天下人傳聞大王能朝見賢臣，那麼天下賢士必然會趕來燕國。」

「那麼寡人應當去拜訪誰呢？」燕昭王問。

郭隗先生說：「我聽說古時有一個國君，想用千金去買匹千里馬，三年也沒買到。有個太監向國君說：『請讓我去找吧！』國君就派他去探訪。過了三個月找到了一匹千里馬，不過千里馬已死了；太監用五百金買下死馬的骨骸，高高興興地回來報告國君。國君簡直氣炸了，罵道：『我要買的是活馬，死馬有什麼用？白白浪費了五百金！』太監回答說：『死馬都肯用五百金買下來，何況活馬呢？天下人士必然認為大王肯買馬，活馬馬上就要來了。』果然不到一年，一下子就來了三匹千里馬。現在大王假如要招賢納士，先從我郭隗開始吧！連我郭隗尚且被尊重，何況比郭隗賢能的人呢？天下賢士這樣一想，難道還會以千里為遠而不來嗎？」

於是燕昭王就為郭隗修建一座宮室，拜他為師。果然樂毅從魏國來了，鄒衍從齊國來了，劇辛也從趙國來了：天下賢士都爭先投奔燕國。

燕昭王更是勤政愛民，祭奠死者，慰問生者，跟百姓同甘共苦。到了昭王二十八年（西元前二八四年），燕國已非常富足，將士都願意為國作戰；於是就任命樂毅為上將軍，和秦、楚、韓、趙、魏聯合出兵伐齊，把齊軍打得大敗崩潰，齊閔王落荒而逃。

燕軍又獨自追逐敗北的齊軍，攻進齊國的都城臨淄，把齊國的珍寶掠奪一空，燒掉它的宮室宗廟。當時（西元前二八〇年）齊國沒被攻陷的城池，只有「莒」和「即墨」。

以一易二

秦、韓兩國在韓國的濁澤交戰（西元前三一五年），韓國的情況很危急。韓相公仲朋對韓宣王建議道：「盟國都不可靠，別苦苦等人家的援軍了。秦國本來就有伐楚的念頭，大王不如透過秦相張儀的關係跟秦談和，割讓一座名都去賄賂秦，然後協同秦國伐楚，取得補償。這就叫做『以一易二』的計策。」

「好計策！」韓宣惠王說。

於是韓王就下令為公仲朋準備行裝，好讓他很體面地到西方去和秦國和談。

諜報傳到楚國，楚懷王大為驚恐，就把說客陳軫找來商量。陳軫說：「秦國想攻打我們楚國已經很久了，如今又獲得韓國一座名都，正好作為南侵的軍事基地。秦、韓聯軍南

下，這是秦王一向所禱告祈求的，如今已得到機會，楚國被伐的厄運成定局了。不過，大王請採納我的計策：趕緊下令通告全國，揚言徵選精兵救韓，並把戰車布滿道路；一面派出令人信任的使臣到韓國去，多給他車輛，攜帶最貴重的禮物，務必使韓國相信大王會派兵去救他們。假使韓國不相信我們，韓國一定也會感激大王，一定不願充當秦軍的侵略先鋒，這樣秦、韓就會鬧得不愉快；那麼即使秦、韓兩軍來攻，楚國也不會有太大的損失。假如韓國相信我們，就會拒絕跟秦國和談，秦王必然把韓國恨入骨髓；而韓國以為有楚國的後援，就不再害怕秦國，對待秦國必然不恭順；這樣秦、韓就會繼續打個不停，楚國的禍患也就免了。」

楚懷王聽了這話很高興，立刻照陳軫的策劃行事，並挑選信用卓著的大臣去晉見韓宣王說：「敝國雖然小，卻已經在總動員了，希望貴國盡力跟秦國拚個死活，敝國願意跟韓國共存亡。」

韓宣惠王聽了這話非常高興，就下令公仲朋不用去秦國求和。

「不可以！」公仲朋爭辯道：「以實力壓迫我國的，是秦國；拿虛名救援我國的，是楚國。仰仗楚國的虛名，輕易斷絕強秦的邦交，必然遭受天下諸侯的嘲笑。何況楚、韓並不是兄弟之邦，又不是平日就計劃好一齊去打秦國的。秦國要伐楚了，楚國才說要派兵救韓，這一定是陳軫的計謀。況且大王已派使臣通知秦國了，如果不去議和，就是欺騙秦

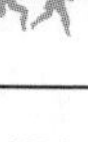

國。輕忽強秦的禍患，反而信任楚國謀臣的話，大王一定會後悔的。」

韓宣惠王還是不聽從公仲朋的話，終於拒絕跟秦和談。秦王果然大怒，再度興兵與韓國戰於岸門（西元前三一四年），苦苦巴望的楚國救兵遲遲不來，韓國終於大敗。

韓國的部隊並非羸兵弱將，人民也並不愚蠢無知，但是韓軍卻被秦國打垮，而政略又被楚國嘲笑，這都是由於過分相信陳軫而不採納公仲朋計策的緣故。

賀得賢相

客將甘茂當了秦國宰相（西元前三〇九年），秦武王卻喜歡客卿公孫衍（犀首）。有一天（西元前三〇八年），秦武王跟公孫衍站著閒聊，很得意地對他說：「我就要任命賢卿為相了！」

甘茂的部屬剛好路過，偷聽到這句話，趕緊去向甘茂打小報告。於是甘茂就去見武王，說道：「大王找到了一位賢相，特地來向大王賀喜。」

「我已經把國家託付給賢卿，哪裡會另外找賢相？」武王說。

「聽說大王準備任命犀首為相。」

「賢卿從哪裡聽來的？」武王嚴肅地問。

「是犀首自己告訴我的。」甘茂回答。

秦武王對犀首的洩漏機密很生氣，就把他攆出秦國。

息壤在彼

秦武王對左丞相甘茂說（西元前三〇八年）：「我想坐著戰車通過韓地三川，去窺探周室的虛實，這樣我就可以死而不朽了！」

「那就讓我去遊說魏國聯兵伐韓吧！」甘茂回答。

於是秦武王就派甘茂為特使前往魏國，並派向壽為副使。到了魏國以後，甘茂就跟向壽說：「請您先回國報告君王說：『魏國已經答應聯兵伐韓了，但是請君王還是不要攻打韓國。』將來事情辦成了，都算是你的功勞。」

向壽回國就把甘茂的話轉告秦武王。武王聽了很疑惑，親自到息壤去迎接甘茂。甘茂一到，武王忙問他是什麼道理。甘茂回答說：「三川的要塞宜陽是個大縣，上黨、南陽兩

地的財富積聚在那裡由來已久，名義上是縣，其實等於大郡。現在大王要經過很多險阻、走上幾千里路去攻打它，那實在太難了。我聽說張儀西面併吞了巴蜀之地，北面占領了西河外邊之地，南面攻取了上庸，但是天下人並不讚美張儀，卻稱頌先王；魏文侯派樂（ㄩㄝˋ yuè）羊率兵攻打中山，費時三年才攻下，樂羊凱旋回來誇耀自己的戰功，文侯就拿出一滿箱的誹謗信給他看，樂羊看了趕緊跪下磕頭說：『這不是我的功勞，都是出於君王的盛德。』現在我只不過是個寄居異鄉的客卿，要是樗（ㄕㄨ shū）里疾和公孫衍仰仗韓國的勢力而批評我，那大王一定會聽他的。這樣大王就欺騙了魏國，我也要受到韓相公仲侈（ㄔˇ chǐ）的怨恨了。

從前曾子住在費（ㄅㄧˋ bì）的時候，有一個費人跟曾子同名同姓，那個人殺了人逃走了。有人聽到曾參殺人的消息，就跑去告訴曾子的母親說：『曾參殺人了！』曾子的母親很有信心地說：『我的兒子不會殺人！』說完仍然照常織布。過了一會兒，又有個人來報告說：『曾參殺人了！』曾母聽了還是照常織她的布。不久，又有一個人跑來說：『曾參殺人了！』曾母害怕了，丟下梭子，翻牆逃走。憑著曾參那樣的賢明，以及平日曾母對他的信任，等到連續三個人來懷疑他，那麼連慈母也都不能相信他了。現在我的賢明遠不如曾子，而大王信任我更比不上曾母的信任兒子，懷疑我的人又不止三個，我怕大王要為我丟下梭子啊！」

「我絕對不聽信讒言的，我跟您發誓好了。」武王說。

於是秦武王就和甘茂在息壤發誓為盟（西元前三〇八年）。秦軍攻打宜陽，果然不出甘茂所料，經過五個月還不能攻下。樗里疾和公孫衍交相在武王面前說壞話，說得武王幾乎要聽信了，便下令召回甘茂來警告他。甘茂一回來就對武王說：「息壤就在那裡！」

「是的，有這麼回事！」武王點點頭說。

武王又堅定了信心，增派大軍，讓甘茂繼續指揮作戰，終於攻下宜陽（西元前三〇七年）。

江上處女

秦國客將甘茂從秦逃亡出來（西元前三〇六年），將往齊國去。出了函谷關，途中遇見蘇代，就對蘇代說：「先生聽說過江上處（ㄔㄨˇ chǔ）女的故事嗎？」

「沒聽過。」蘇代回答。

甘茂說：「有一群夜間聚集在長江邊織麻的處女，她們潔身自愛，不肯跟出身貧賤的人接觸。有個家裡窮得沒火燭照明的少女，也混進了這個團體；但不久被揭穿底細，處女們決定把她趕走。這個家裡貧窮的少女，臨走時對高貴的處女們說：『我就因為家裡窮得沒火燭，所以常早些來打掃房間、鋪席子，你們為什麼要吝惜這照在四壁上的火燭餘光呢？把這餘光賜給我，對於處女們的高貴又有什麼妨礙呢？我自己還認為對你們有益處，為什麼要把我趕走？』處女們經過一番商量，認為有道理，就把她留下來。如今我甘茂實在很無能，被秦趕出關來，倒情願替閣下打掃房間、鋪席子，希望不要趕我走。」

「好的！我去叫齊國重用您吧！」蘇代說。

甘茂自個兒繼續邁向齊國。蘇代不願跟他同行，反而背道而馳向西方的秦國去。蘇代見到秦昭王就說：「甘茂是個傑出的人才，不是凡庸之輩。他住在秦國，受到歷朝的尊重，對於殽關谿谷等要塞以及戰略地形都瞭如指掌。假如他為齊國去聯合韓、魏，反過來攻打秦國，那就對秦國很不利了！」

「那怎麼辦呢？」秦昭王著急了。

「不如用貴重的禮物和優厚的俸祿去請他回來。他一來，就把他軟禁在槐谷，一輩子不讓他出來。這樣子，天下諸侯又怎麼能動秦國的腦筋呢？」蘇代回答。

秦昭王聽了，覺得不錯，就決定以上卿的官職授予甘茂，並派專使帶著相印到齊國迎接他。甘茂當然謝絕了。於是蘇代趁機對齊湣（ㄇㄧㄣˇ mǐn）王說：「甘茂是個傑出的人才。現在秦國給他上卿的官職，用相印來迎接他，他一定是感念大王的恩德，才不回秦國去，而情願當大王的臣子。大王將怎麼重用他呢？如果不留住他，那他必然不再感激大王。憑甘茂那種傑出的才幹，一旦指揮強秦的軍隊，齊國就難以抵抗了！」

齊湣王聽從蘇代的建議，也拿上卿的官職授予甘茂，並對他的生活特別照顧。

王不好人

孟嘗君打算建立合縱之約（西元前三〇〇年），韓人公孫弘對孟嘗君說：「賢公不如派人先去觀察一下秦王。也許秦王是位能當帝王的君主，到那時賢公想要做秦王的臣子都怕來不及，哪有時間組織合縱之約抗拒秦王？也許秦王是個不好的君主，到那時賢公再組織合縱之約來抗拒秦王也不晚。」

「好的，就請閣下前往替我觀察吧！」

公孫弘答應了，就率領十輛兵車前往秦國。秦昭王知道了，就等著在言辭上羞辱孟嘗君。

公孫弘拜見秦昭王，昭王迫不及待地問：「薛公的封地有多大？」

「有百里大。」公孫弘回答。

秦昭王笑著說：「寡人的土地有幾千里，都不敢說要抗拒哪一國。如今孟嘗君只有百里大的彈丸之地，竟不自量力想抗拒寡人。這樣做可以嗎？」

公孫弘回答說：「孟嘗君喜歡人才，而大王不珍惜人才。」

「孟嘗君喜歡人才，又怎麼樣呢？」昭王問。

公孫弘說：「孟嘗君所得的人才，都具有卓特的人格：不願臣事天子，不願結交諸侯；得志時不會羞愧人主，不得志時不肯屈居人下，像這樣的人才有三位；治理天下可當管仲、商鞅的老師，陳說的義理立刻實踐，能夠使得其主稱霸稱王，像這樣的人才有五位；出使於擁有萬輛兵車的大國，被威嚴的君主羞辱了，馬上就自抹脖子，必將鮮血濺染君主的衣服，像我這般的人才有十位。」

秦昭王笑笑道歉說：「客卿何必如此呢？寡人不過和客卿說說罷了！寡人很喜歡孟嘗君，想要請他來參觀訪問，請客卿務必把寡人的心意轉達。」

「好的！」公孫弘回答。

公孫弘真可謂不可侵犯了。秦昭王是萬乘大國的君主，孟嘗君只是千乘小國的君主；以小國使臣的地位而不受大國凌辱，可說是成功的外交了。

諫而私寶

孟嘗君田文外出巡視各國，到達楚國時，楚人送給他一張象牙床（西元前三〇〇年）。郢人登徒輪到值，要負責送象牙床給孟嘗君。登徒不願幹這個差事，就去找孟嘗君的食客公孫戍（ㄕㄨˋ shù）說：「我是郢都的登徒，輪到值要負責送象牙床給薛公。可是象牙床價值千金，萬一碰壞一點點，即使賣掉妻子也不夠賠償。足下如果能讓我不用送這象牙床，我就把祖先留下來的一把寶劍獻給您。」

公孫戍答應了，就去見孟嘗君說：「賢公難道要接受楚人贈送的象牙床嗎？」

「是呀！」孟嘗君回答。

「我希望賢公不要接受。」公孫戍說。

「為什麼呢？」孟嘗君問。

「小國所以都送相印給賢公，是因為賢公在齊國能憐卹（ㄒㄩˋ xù）貧窮的人，有存亡國繼絕世的義氣。小國的英明俊傑之士，都把國家政務委託給賢公，也是因為喜歡賢公的義氣，仰慕賢公的廉潔呀。現在賢公一到楚國就接受象牙床，那未曾巡視的小國，將拿什麼禮物來接待賢公呢？我還是希望賢公不要接受！」公孫戍回答。

孟嘗君答應了，公孫戍趕緊告辭。不曾走出，剛走到小門，孟嘗君又把他叫回來，問道：「先生叫我別接受象牙床，這固然是很好的建議；但先生為什麼走起路來輕飄飄的，顯得那麼揚揚得意呢？」

「因為我有三件大喜事，再加上得到一把寶劍呀！」公孫戍笑嘻嘻地回答。

「什麼意思呢？」孟嘗君問。

公孫戍回答道：「賢公的食客有上百人，沒有人敢入諫，只有我敢：這是第一喜。諫諍而蒙賢公採納：這是第二喜。因諫諍而防止賢公的過失：這是第三喜。郢人登徒不願意幹送象牙床的差事，還答應事成後送我一把祖傳的寶劍。」

「很不錯！您接受了嗎？」孟嘗君樂得叫起來。

「還不敢。」公孫戍回答。

「趕緊收下！」孟嘗君吩咐。

孟嘗君靈機一動，就在門板上寫道：「有能宣揚我的名聲，防止我的過失，私自在外頭獲得珍寶的，趕快來進諫。」

轉禍為功

孟嘗君田文的食客，竟有一個和孟嘗君的侍妾偷偷相愛的。有人報告孟嘗君，並建議道：「為人食客，竟做出這種不義的事，該殺！」

「看見美女而克制不住，這是一時的衝動，他會難過的。不要再提這件事啦！」孟嘗君輕鬆地說。

過了一年以後，孟嘗君才把那個偷愛上侍妾的食客叫來，對他說：「先生和我結交很久了，我沒能把大官給你做，而小官你又不肯幹。衛君是我尚未顯貴時的老友，請準備車馬，帶著皮幣禮物去拜見衛君，從此臣事衛君吧！」

這位食客在衛國頗受禮遇。

不久，齊、衛兩國邦交惡化，衛嗣君老想聯合天下諸侯攻打齊國。這位不夠義氣的食客就對衛君說：「孟嘗君根本不知道我無能，硬是把我推薦給君王。但是我聽過：齊、衛上代的國君，曾殺馬宰牛共訂盟約說：『齊、衛的後代不許彼此攻伐，假如違約相攻伐的，就讓他的命運像這被宰殺的馬牛。』如果君王約天下諸侯來攻打齊國，這樣就違背了先君盟約，也欺騙了孟嘗君。但願君王不要老是打著齊國的主意。君王如果能聽從我的話，那就沒問題；否則，我本無能，我就要用自己脖子的血濺汙足下的衣襟。」

衛君想一想，也就終止伐齊的計劃。

齊國人聽到這件事以後都說：「孟嘗君真會處理事情：不殺食客，使災禍轉為功績。」

借車馳之

趙惠王把武城封給齊孟嘗君（西元前二八四年以後）。孟嘗君挑選有才幹的舍人去治理武城；臨行時，孟嘗君對新任的武城官吏說：「俗語中不是有『借來的車子就一直奔馳，借來的衣服就一直穿著（ㄓㄨㄛˊ zhuó）』這句話嗎？」

大家都說：「是呀！本來就這樣嘛！」

「我認為這句話不對。」孟嘗君說：「借來的衣服和車子，不是親友的，就是兄弟的。用親友的車子而不知愛惜，穿兄弟的衣服而不存好心，這是不應該的。現在趙王不知道我不肖，竟把武城封給我。希望你們到那兒去治理，不要濫伐樹木、損毀房子，凡事要盡量體諒趙國，讓趙王感悟而了解我。你們要謹慎治理武城，將來好完完整整還給趙國。」

借兵救魏

秦將討伐魏國，魏昭王知道以後（西元前二八三年），連夜召見宰相孟嘗君，告訴他說：「秦國將要攻打我國了，您怎樣替寡人謀劃對策？」

孟嘗君說：「要是有諸侯救援，魏國就可保存。」

「寡人希望您跑一趟。」魏昭王說。

於是魏昭王就為孟嘗君準備了百輛雄壯的戰車，讓他到外國討救兵。

孟嘗君到了趙國，向趙惠文王說：「我想借重貴國的兵力救魏。」

「寡人不願出借。」趙惠文王說。

「我敢來借兵，是對大王盡忠呀！」孟嘗君說。

「怎麼說呢？」趙惠文王問。

孟嘗君說：「趙軍並不強於魏軍，魏軍也不見得弱於趙軍，然而趙國年年太平無事，人民年年生活安定；反之，魏國卻年年戰亂不停，人民也年年傷亡犧牲。這是什麼緣故呢？這是因為魏國在趙的西面，替趙國屏障啊！現在假如趙國不救魏，魏國就會跟秦歃（ㄕㄚˋ shà）血為盟；這樣趙國就和強秦為鄰，土地將年年危險，人民也將年年喪生。這就是我要向大王盡忠的原因。」

趙惠文王答應了，為孟嘗君動員十萬步兵和三百輛戰車救魏。

孟嘗君又到北方見燕昭王說：「先父曾使燕、魏兩王結為盟友，現在秦就要攻打魏國，請大王派兵救魏。」

燕昭王說：「我燕國已經兩年沒好收成，現在要走幾千里路去救魏，怎麼辦得到呢？」

「走幾千里路去救人，這是國家的大利。如今魏王一出都門就看見秦軍，即使想走幾千里路去救人，辦得到嗎？」孟嘗君說。

還沒等燕昭王答應，孟嘗君又說：「我已獻給大王最合實際的策略，假如大王不用我的忠誠獻策，我就告辭吧！不過從此天下恐怕會發生大變化。」

「會有什麼樣的大變化呢？」燕昭王問。

孟嘗君說：「秦攻魏，雖不能完全克服它，可是已深入魏國，焚毀高臺，占領園囿。

如果燕不救魏，魏王就會屈膝割地，把半個魏國送給秦，如此秦軍必定撤退。秦軍撤退後，魏王可以動員韓、魏之兵，又向秦國借兵，同時聯合趙國，用四國強大的兵力攻打燕國，到那時大王將有什麼好處呢？究竟是走幾千里路去救人有利呢？還是一出燕都南門就看見敵軍有利呢？等強敵壓境，而後應戰，路途既近，糧食運輸又方便，這樣的情勢，對大王究竟有什麼好處呢？」

燕昭王說：「您快回去吧！寡人聽從您的請求。」

於是燕昭王立刻派遣八萬步兵和二百輛戰車，交給孟嘗君指揮。

孟嘗君回國後，魏昭王非常高興地說：「賢卿所借的燕、趙之兵，既多且快！」

秦昭王非常恐慌，就自動割地給魏國，請求和談。

妒婦辣手

魏襄王送給楚懷王一位美女，懷王很喜歡她（西元前三〇六年左右）。

懷王的夫人鄭袖看出懷王喜歡這位新人了，她便也非常喜歡這位新人：衣服啦、玩好（ㄨㄢˋ ㄏㄠˋ wàn hào）啦，都揀那新人所喜歡的替她備辦；住房啦、臥具啦，也揀那新人認為美好的讓她使用。她愛新美人，比懷王還愛得厲害。

楚懷王說：「婦女們侍奉丈夫，全憑她們的姿色；而萌生嫉妒，更是她們的本性！如今鄭袖知道我喜歡這位新人，她也愛新人，愛得比我還厲害：這是孝子侍奉父母、忠臣侍奉君王的表現呀！」

鄭袖知道懷王以為自己不嫉妒了，就對新人說：「大王很欣賞妳的姿色；不過，他嫌

妳的鼻子不好看。妳要是晉見大王，要記得用手摀（ㄨˇ wǔ）住鼻子。」

魏美人很感激鄭袖，見懷王的時候，就用手摀住鼻子，更顯得嬌滴滴的，懷王因此更沉迷於魏美人的媚態。

有一天，他跟鄭袖談起魏美人，順便問道：「新人見了我，就用手摀住鼻子，是什麼緣故呢？」

「我知道——」鄭袖說了一半又把話吞回去。

「即使很難聽，妳也要說出來。」楚王笑著催促。

「她好像很討厭嗅到君王的體臭吧！」鄭袖慢慢說。

「這個潑婦！」懷王恨恨地叫著。

懷王立刻下令割掉魏美人的鼻子，絕對不許抗命。

置相亂敵

楚懷王向范環問道（西元前三〇五年）：「寡人想推薦個人到秦國當宰相，誰合適呢？」

「我還不夠資格談論。」范環回答。

「我派甘茂去當秦國宰相，好嗎？」楚懷王又問。

「不可以。」范環回答。

「為什麼？」懷王問。

范環回答道：「甘茂的老師史舉，是楚邑上蔡的門尉，往大說不懂得事君之道，往小說不明白治家之理，他只是以苛刻嚴謹而出名；甘茂侍奉他，卻能夠得心應手。所以像秦

惠王的精明、秦武王的瑣碎刻薄、張儀的喜歡說人壞話，甘茂伺候他們，卻一連封過十個官，從沒得過罪。由此可見甘茂實在是位賢人；然而卻不能讓他出任秦相，因為秦國有了賢相，並非楚國之利。以前大王曾派召滑前往越國任官，因而收復了句（ㄍㄡ gōu）章。後來楚雖有大將唐昧被殺的災難，還能趁著越國的內亂而占領南邊的瀨（ㄌㄞˋ lài）湖，使邊境直達江東。大王所以能夠建立如此豐功，乃是因為越國內亂而楚國安定。大王已經對越國使用過這種政策，如今對秦國竟然不用，我認為大王太健忘了。大王想在秦國立一位宰相嗎？我認為像公孫郝（ㄏㄜˋ hè）才可以。公孫郝跟秦昭王關係密切，他們小時候一起穿衣服，長大了搭同一輛車；公孫郝甚至穿著秦王的衣服處理公務，這真是大王應推薦的理想宰相。大王推薦他當秦相，才能為楚國帶來好處。」

厚禮藏慝（ㄊㄜˋ tè）

楚軍駐紮在周地的山南（西元前三〇四年），楚將吾得準備為楚王而責備周君。於是有人向周君建議道：「不如用最隆重的外交禮節，先派太子率領軍樂隊到邊境去迎接吾得，君王再出郭歡迎，好讓天下人都以為君王很看得起吾得。接著，故意洩漏消息給楚王說：『周君贈送給吾得的寶貝，叫做什麼什麼的。』楚王一定問吾得要這件寶貝，而實際上吾得拿不出來，那麼楚王必然會懲罰他。」

壺飧（ㄙㄨㄣ sūn）得士

中山王設宴款待各都邑的士大夫，司馬子期也在被邀請之列，可是他沒有吃到羊肉羹。他越想越氣，就跑到楚國，遊說楚懷王討伐中山。中山王出奔時，有兩名戰士執戈緊隨在後面（西元前三〇一年）。中山王回頭對他們說：「你們為什麼跟著我？」

那兩人回答說：「家父以前快要餓死的時候，大王曾賞一壺食物給他吃。他臨終交代：『中山有國難時，你們一定要以死報效！』所以我們跟隨大王，準備共赴國難。」

中山王聽了這話，仰天長聲嘆息說：「給人的東西不在乎多少，要看是否適解困厄；結下的怨恨不在乎深淺，要看是否令人傷心。我為了一杯羊肉羹而亡國，因為一壺飯而得到兩名勇士。」

毀之為之

孟嘗君田文以四馬百人的糧餉接待夏侯章，真可說是優厚的禮遇了。夏侯章每每跟人談話時，卻都在誹謗孟嘗君。有人去向孟嘗君打小報告，孟嘗君說：「我自有侍奉夏侯公的道理，請你不必多說啦！」

食客董之、蘩（ㄈㄢˊ fán）菁看不順眼，就跑去責問夏侯公（西元前三〇〇年）。夏侯公說：「孟嘗君並非諸侯的身分，卻給我四馬百人的糧餉，太過分了。我沒有分寸的功勞，而給我這樣優厚的待遇，我只好故意誹謗他，藉此來幫助他。孟嘗君所以能有寬厚長者的聲譽，正因為我在誹謗他，而他一點也不介意啊！我既要捨身報答孟嘗君，怎麼能夠不誹謗他呢！」

舍長之短

孟嘗君不喜歡食客中的某人，想把他趕走。

說客魯仲連對孟嘗君說：

「猿猴和獮（ㄇㄧˊ mí）猴如果離開樹木住進水邊，還不如魚鼈靈敏；騏驥如果遭逢災難，就不如狐狸便捷。曹沫（ㄇㄟˋ mèi）舉起三尺長的劍，一軍的人都不能抵擋；假如叫曹沫丟下他的三尺長劍，操持除草的器具，和農夫一起在田裡工作，就不如農夫了。由此可見，一個人如果捨棄他的優點，改用他的缺點，就是帝堯也有做不到的事。現在差遣別人做事，若不會做，就稱他『無用』；教導別人做事，若聽不懂，就稱他『笨拙』。笨拙的就罷退他，無用的就遺棄他，使得人們不肯和這些被棄逐的人共事，那麼這些被棄逐的人

必定逃往外國，想盡辦法來破壞我們，以便報復往日的仇恨。這難道不是為人處世的一大鑑戒嗎？」

孟嘗君頗以為然，也就不敢驅逐那位食客了。

厲氣循城

田單準備去收復齊邑狄城之前，先去拜候魯仲連（西元前二七六年）。仲連說：「將軍根本攻不下狄城。」

田單說：「我僅憑五里之城、七里之郭，率領殘兵敗卒，就擊潰擁有萬輛兵車的燕國，收復都城臨淄。我怎麼會攻不下狄城呢？」

田單說完話就上車離去，不跟魯仲連告辭。

接著田單就發兵攻狄城，打了三個月卻沒攻下。這時齊國的孩童都唱著這樣的歌謠：「官軍的帽子像簸（ㄅㄛˋ bò）箕，長長的劍把支撐著下頤；攻打狄城不能勝利，空白築軍壘、守梧丘。」

田單聽到了歌謠，才害怕起來，又專程去請教魯仲連，問道：「先生曾說我不能攻下狄城，請告訴我其中的道理吧！」

魯仲連說：「將軍在即墨時，坐下來就用草編鞋帽，站起來就拿家具挖戰壕。為了鼓勵士卒，常常高呼著口號，叫道：『可以出擊了！宗廟被摧毀了！被摧毀很久了！祖先的靈魂歸宿何處呢？』在那個時候，將軍有必死的決心，士兵沒有貪生的念頭，一聽這種話，都灑淚飲泣，奮伸手臂，亟欲出戰：這就是擊破燕軍的主因。現在將軍東面有夜邑的俸祿，西面有菑上的娛樂，黃金寶劍佩在腰帶上，馳騁於淄水和澠水之間；將士都貪戀人生的樂趣，沒有必死的決心：這就是攻狄不勝的原因。」

「我田單有必死的決心，先生把我的心導入正途。」

第二天，田單就激勵士氣，親自逼近城牆一帶巡視，站在敵人箭矢石子射得到的地方，拿著鼓槌猛擊戰鼓。不久，狄人就投降了。

義不帝秦

秦國軍隊包圍了趙都邯鄲（西元前二五七年），魏國的安釐王派將軍晉鄙去救援趙國；因為畏懼秦軍強盛，到了魏國的邊界蕩陰就停兵不進。魏王又打發客將軍辛垣（ㄩㄢˊ yuán）衍悄悄從小路進入邯鄲，希望透過平原君趙勝的介紹，去向趙孝成王遊說道：「秦國所以急於圍困趙國，是為了想稱帝。秦昭王以前曾跟齊閔王爭相逞威稱帝，不久又因為齊國取消皇帝的稱號，秦也跟著取消了。現在齊國已經非常衰弱，只有秦國稱霸天下；秦昭王不一定貪戀邯鄲這地方，他的真正用意是想稱帝。趙國如果派遣專使去尊奉秦昭王為皇帝，秦昭王必然很高興，就會撤兵而去。」

平原君猶豫著，打不定主意。

這時齊國高士魯仲連正在趙國遊歷，聽到魏國準備叫趙王尊奉秦王為帝的消息，就跑去見平原君說：「城被圍了，將怎麼辦呢？」

「我趙勝還敢談什麼？趙國的百萬大軍已經在長平折損了，如今邯鄲又被包圍而不能擊退。魏王派客將軍辛垣衍叫趙國尊奉秦王為帝，現在那個人就在這裡，我還敢談什麼？」趙勝垂著頭，無可奈何地說。

「原先我還以為您是天下的賢公子呢！我現在才知道您根本不是天下的賢公子。」魯仲連說：「那位魏客辛垣衍在哪裡？我願意替您臭罵他一頓，叫他滾回去。」

「那麼我就叫他來跟先生見見面。」平原君說。

平原君便去見辛垣衍說：「東國有位魯仲連先生，人就在我這裡，我想給將軍介紹介紹。」

「我聽說魯仲連先生是齊國的高士。」辛垣衍說：「但我辛垣衍只不過一介使臣，職責在身，我不願意見魯仲連先生。」

「我已經跟他說過了。」平原君說。

辛垣衍只得答應見面。

魯仲連見到辛垣衍，卻一言不語。辛垣衍說：「我看凡是留在這被圍困的邯鄲城中的人，都是有求於平原君的；現在我看先生的風貌，並不像有求於平原君，為什麼老待在這

圍城裡不走呢？」

「世人都認為鮑焦由於沒有容忍濁世的度量才會自殺，其實不對呀！人們不了解鮑焦，才說他是為了解脫自身而死。」魯仲連接著說：「那秦國，是個棄絕禮義、以屠殺為能的國家，用欺騙手段驅使士兵，像俘虜一樣奴役百姓。假使他毫無顧忌地做起天下皇帝來，那麼我魯仲連就只有跳進東海去死了，我不能喪失人性的尊嚴去當他的順民！我所以要見將軍，就是想幫助趙國呀！」

「先生怎樣幫助呢？」辛垣衍問。

「我準備策動魏國和燕國支援趙國，齊、楚兩國就會跟進支援。」魯仲連回答。

「燕國嘛！我可以相信它聽您的；至於魏國，恐怕有問題。我是魏國的人呀！先生怎麼能使魏國幫助趙國呢？」辛垣衍問。

「這是魏國沒看出秦王稱帝的害處，才會如此猶豫不決呀！」魯仲連說：「如果魏國看出秦王稱帝的害處來，那就一定幫助趙國了。」

「秦王稱帝的害處怎樣呢？」辛垣衍問。

魯仲連說：「從前齊威王倡行仁義，他要率領天下諸侯去朝見周天子；但當時的周朝又窮又弱，諸侯都不去朝見，只有齊王獨自去。隔了一年多，周烈王死了，諸侯都去弔喪，齊國到得最晚。周朝君臣大怒，就派人警告齊王說：『天子駕崩，猶如天坍（ㄊㄢ tān）

地陷，繼位的天子都走下王位守喪，東方藩臣齊國的田嬰竟敢遲到，依法應該斬首！』齊威王勃然大怒道：『呸（ㄆㄟ pēi）！你媽是奴婢出身的呀！』結果齊威王落得被天下人所嘲笑。在周天子活著的時候去朝見，死了卻又罵他；這實在是因為沒法忍受周朝的過分要求啊！那做天子的本來就是這樣的德性，不值得奇怪。」

「先生沒看見過做僕役的嗎？十個人服侍一個人，難道是力量勝不過主人、才智趕不上主人嗎？卻是因為怕他的權勢呀！」辛垣衍說。

「那麼，魏國和秦國比較，竟像個僕人服侍主人嗎？」魯仲連逼問著。

「是的。」辛垣衍答得很乾脆。

「那麼，我將要叫秦王把魏王烹煮而後剁（ㄉㄨㄛˋ duò）成肉醬。」魯仲連激動地說。

辛垣衍聽了很不高興，說道：「咳（ㄏㄞ hāi）！先生的話也太過分了！先生又怎麼能叫秦王把魏王烹煮而剁成肉醬呢？」

「這是必然的事啊！等我說給你聽：從前，鬼侯、鄂侯、文王是紂王的三個諸侯。鬼侯有個女兒長得很漂亮，把她獻給紂王；紂王認為這女孩子不好，便把鬼侯剁成肉醬。鄂侯為了這事拚命諫諍，極力辯護，紂王又把他殺掉而曬成肉乾；文王聽到這件事，長嘆了一口氣，就被囚禁在牖（ㄧㄡˇ yǒu）里監獄一百天，差點被害死。為什麼同人家一樣的稱王稱帝，到頭來落得變成肉乾肉醬呢？

齊閔王將到楚國的時候，夷維子拿著馬鞭跟從，對魯國人說：『你們將怎樣接待我們的國君？』魯國人答道：『我們將用款待諸侯的十太牢接待你們的國君。』夷維子說：『你們這算是什麼禮數？你們該清楚：我們國君是天子呀！天子巡行諸國，諸侯應該離開自己住的地方，交出國庫的鎖鑰，撩起衣襟，親自端著食具，在堂下伺候吃飯；等天子吃完了，退下再聽候命令。』魯國人一聽，索性關了城門擋駕，結果齊王便不能進去。將到薛國的時候，中途經過鄒國。這時鄒國的國君剛死，齊閔王想去弔喪。夷維子對鄒國的嗣君說：『天子來弔喪，主人必得背向棺材，把北面的靈位改設在南方，然後天子再朝向南面弔喪。』鄒國的臣子們都說：『一定要如此的話，我們情願拔劍自殺。』因此齊王也不敢進入鄒國。鄒、魯兩國的臣子，當國君活著的時候不能夠奉養，死了也沒能把米、貝、珠、玉什麼的放在國君的嘴裡，但是要叫他們向齊王行朝拜天子的禮，卻死也不幹。現在秦國是個有兵車萬乘的大國，魏國也是個有兵車萬乘的大國，都是擁有兵車萬乘的國家，各有稱王的名義，看到秦國打了一次勝仗，跟著就要尊奉秦王做皇帝；難道三晉的大臣，倒反不如鄒、魯兩國的奴僕婢妾嗎？再說秦王的野心是不會停止的，如果稱帝，就將更動諸侯的大臣：他將撤免掉他認為不好的人的官職，賜給他認為好的人；把他不喜歡的人的職位剝奪了來，賜給他喜愛的人。他還要派他的女兒和巧於進讒言的妾婦們做諸侯的姬妾，住在魏國的王宮裡；魏王怎能安然無事呢？而將軍又憑什麼能保得住原有的寵幸

呢？」

辛垣衍聽了這番話，立刻站起來，向魯仲連拜了兩拜，謝罪道：「起初我以為先生是個平凡的人，我現在才知道先生真是天下共同推仰的賢士！我願意回去，不敢再說尊奉秦王做皇帝的事。」

秦軍將領鄭安平聽見了這事，便下令退兵五十里。恰逢魏國公子無忌奪了晉鄙的軍隊趕來救趙，向秦軍攻擊；秦軍也就退走了。

事後平原君要封給魯仲連一塊土地，魯仲連再三推辭，不肯接受。平原君特地為他舉辦盛大的酒宴。等喝到有點醉意的時候，平原君站起來，走到魯仲連面前，奉上千金向魯仲連祝福。魯仲連笑著說：「士所以會被天下人所推仰敬重，就在於替人排除憂患、消釋困難、調解紛爭而不接受酬報；如果接受酬報，便成了做生意的商人，我魯仲連不願做這種事。」

魯仲連就辭別平原君走了，終其一生不再見面。

鉅室取信

腹擊建造官邸（ㄉㄧˇ dǐ），造得很大，荊敢就把這件事報告朝廷。主父（趙武靈王退位後的稱號）把腹擊叫來責問道：「為什麼要造那麼大的屋子呢？」

腹擊回答說：「我是外國來的客卿，官位雖高而俸祿卻低。假如官邸太小，眷屬又不多，大王即使信賴我，恐怕百姓都會說：『一旦國家有大事，腹擊必然不會為趙國效命。』現在我所以要建造廣大的官邸，就是為了在百姓面前建立信心。」

「做得好！」主父說。

豈敢藉道

齊、韓、魏三國聯軍討伐秦國回來時（西元前二九六年），西周君很擔心魏軍會來個借路過境。有人為西周君去見魏哀王說：「根據諜報，楚、宋兩國將聯手攻占大王的土地去討好秦國；因為秦國和三國講和後，對他們很不利啊！」

魏王得到這消息，大為恐慌，馬上下令全軍迴避周城，只在曠野露宿一夜，就全速東歸。

佯使退敵

齊、韓、魏三國共同出兵攻打燕國（西元前二九六年），燕派太子向楚國求救，楚頃襄王便派景陽率軍救燕。景陽率軍北上，到了傍晚，該宿營了，就派負監軍之責的左右司馬修築營地。等標幟打好了，景陽大發脾氣說：「你們所修築的營地，會被大水淹沒的。這怎麼可以讓全軍將士宿營呢？」

景陽就下令轉移營地。第二天下大雨，山洪爆發，原先所修築的營地，標幟都被水淹沒。全軍官兵因此都很佩服景陽。

既贏得全軍信服，景陽就擅自改變行軍路線，不直接去救援燕國，卻直撲魏國的雝（ㄩㄥ yōng）丘，攻下後交給宋國。齊、韓、魏三國很震驚，紛紛從燕國撤兵南下。後來魏軍

列陣在楚軍之西。齊軍列陣在楚軍之東，楚軍想撤退回國都不可能了。景陽就打開西側的軍門，白天用戰車和騎兵跟魏國通使，晚上用燈火作出打信號的樣子。齊軍覺得很奇怪，以為燕、楚兩國和魏國在搞陰謀，唯恐被吃掉了，趕緊連夜撤退。齊軍撤退後，魏國發現失去了盟軍，也在當夜撤離戰場。

景陽終於安安穩穩班師回國。

市義營窟

齊國有個人名叫馮諼，窮得不能過日子，託人向孟嘗君說情（西元前二九六年），願意在他門下當一名食客。孟嘗君問道：「這個人有什麼嗜好？」

「他沒什麼嗜好。」介紹人回答。

「這個人有什麼才幹？」

「他沒什麼才幹。」

「好吧！」孟嘗君笑了笑，答應收容他。

左右的人以為孟嘗君看不起馮諼，只供給他粗茶淡飯。

住沒多久，馮諼就倚著柱子敲著劍，歌唱道：「長劍啊回去吧！吃飯沒有魚呀！」

左右的人把這話報告了孟嘗君。

「給他魚，比照門下吃魚的食客那樣。」孟嘗君說。

過了一段日子，馮諼又敲著長劍，歌唱道：「長劍啊回去吧！出門沒有車呀！」

左右的人都笑他，又告訴了孟嘗君。

「給他車，照門下乘車的食客那樣。」孟嘗君說。

於是馮諼就坐著車，佩戴著劍，去拜訪他的朋友，說道：「孟嘗君拿賓客之禮款待我。」

以後沒多久，馮諼又敲打著劍，歌唱道：「長劍啊回去吧！沒辦法照顧家庭呀！」

左右的人都討厭他，認為他是個貪得無厭的人；可是孟嘗君卻問：「馮先生有家眷嗎？」

「有年老的母親。」左右的人回答。

孟嘗君吩咐人給馮諼的母親送吃的用的去，不要讓她缺乏什麼。從此馮諼就不再唱發牢騷的歌了。

後來孟嘗君貼出一張通告（西元前二九五年），問門下食客：「誰熟習會計，能夠替田文到薛邑去討債呢？」

馮諼趕緊在通告上簽了名，很自負地向人說：「我能。」

孟嘗君看了姓名，很詫異地問：「這是誰呀！」

「這便是唱『長劍啊回去吧』的人呀！」左右的人回答。

孟嘗君笑著說：「這位馮先生原來有才幹呀！我對不起他，一直沒接見過。」

於是孟嘗君便請馮諼來見面，向他道歉道：「田文的事務繁多，累得很，加上各種憂慮交纏，生性又懦弱愚蠢，以致怠慢了先生。先生不介意，竟有意思要替我去薛邑討債嗎？」

「我樂意去。」馮諼回答。

於是馮諼忙著準備車輛，打理行裝，載著借據契約就上路了。辭別的時候，馮諼問道：「債款收齊了，買些什麼回來呢？」

「看我家裡缺少什麼就買。」孟嘗君說。

趕著車到了薛邑，馮諼叫官吏們把所有債務人集合起來核對借據。借據全驗對過了，他就假傳孟嘗君的命令，把要收的債都賜給老百姓。馮諼親自當場燒了借據，人民都歡呼萬歲。

馮諼馬上又驅車趕回齊都臨淄，一大早就去求見。孟嘗君奇怪他回來得太快，趕緊穿戴整齊出來接見，問道：「債都收完了嗎？怎麼回來得這樣快呢？」

「都收完了。」馮諼回答。

「買了什麼回來？」

馮諼說：「您交代『看我家裡缺少什麼就買』。我想：珍寶，您宮裡多得是；狗馬，宮外馬房裡也多得很；美女，也住滿了後宮；您家裡缺少的，只是『義』罷了。因此我自作主張，替您買些『義』回來。」

「買『義』是怎麼回事？」孟嘗君問。

「如今您只有這樣區區的小薛邑，不知道像撫養兒女那樣愛護您的老百姓，還藉他們來放債營利。因此我私自假傳您的命令，把債款賜給人民，並且當場燒了借據，贏得老百姓萬歲的歡呼。我便是這樣替您買『義』的呀！」

「好吧！先生休息去！」孟嘗君不高興地說。

一年以後（西元前二九四年），齊閔王對孟嘗君說：「我不敢用先王的臣子做我的臣子！」

孟嘗君只好回封地薛邑去。還隔著百里路遠，老百姓就扶老攜幼聚集在路上迎接他。孟嘗君回過頭來對馮諼說：「先生替田文買的『義』，今天看到了！」

「狡猾的兔子有三個洞穴，只不過免得一死罷了。如今您只有一個洞穴，還不能高枕無憂。」馮諼說：「我願意替您再挖掘兩個洞穴去。」

馮諼帶著孟嘗君給他的五十輛車子和五百兩黃金，到西面的魏國去遊說。他跟魏惠王

說：「齊國放逐他的大臣孟嘗君給各國，諸侯先迎接他的，一定國富兵強。」於是魏王便把原來的宰相調任上將軍，空出宰相的高位，派遣使者帶黃金一千斤和車一百輛，前往薛邑聘請孟嘗君。馮諼坐著車先趕回來，向孟嘗君報告道：「千斤黃金，厚禮呀！百輛車駕，大排場呀！齊王可能聽到消息了。」

魏國的使節往返了三次，孟嘗君堅決辭謝不去。

齊閔王聽到這事，君臣都很吃驚，便派遣太傅賜給孟嘗君黃金一千斤，花車兩輛，佩劍一把，另附了一封信向孟嘗君謝罪說：「都是我不好，撞著神靈降下的災殃，中了諂媚臣子的詭計，以致得罪了您。我是不中用的，不值得您顧念，希望您看在祖宗的面上，暫且回國治理萬民吧！」

馮諼告訴孟嘗君說：「希望您趁此機會請求先王的祭器，在薛邑建立宗廟。」等宗廟落成了，馮諼回到齊都臨淄，向孟嘗君報告道：「三個洞穴都挖好了，您暫且可以高枕無憂安享快樂了！」

孟嘗君做了幾十年的宰相，沒有丁點兒禍患惹身，全是馮諼替他奠定的政治基礎。

朝滿夕虛

孟嘗君一度被齊放逐，現在又要回國了（西元前二九四年）。齊人譚拾子特別到邊境去迎接，向孟嘗君問道：「賢公對齊國士大夫們有什麼怨恨嗎？」

「當然有的！」孟嘗君恨恨地回答。

「要不要把他們殺死來洩憤呢？」

「當然！」孟嘗君斬釘截鐵地回答。

譚拾子說：「事情有必定發生的，情理有固定不變的，賢公知道嗎？」

「不知道。」孟嘗君回答。

「事情必定要發生的就是『死』，情理固定不變的就是『富貴就投靠他，貧賤就離開

你。』」譚拾子繼續說：「就拿市場來解釋吧！早晨時市場人潮洶湧，晚上卻空無一人。這並非人們早晨喜歡市場或晚上憎恨市場，只因所需要的在市場，所以人們都來了；所需要的不在那裡，所以人們都離開了。請賢公不要怨恨他們吧！」

於是孟嘗君就拿出所怨恨的五百個黑名單，當著眾人面前點把火把它燒掉了，從此不再提怨恨誰的事。

樂得遛囿（ㄧㄡˋ yòu）

秦軍在伊闕擊潰魏將犀武後（西元前二九三年），就藉口周曾援助與魏結盟的韓國，乘勝進兵攻周。周王親自趕往魏都大梁求救，魏昭王卻以上黨的情況緊急為由而拒絕他。無可奈何的，周王只好折回。為了解解悶，順道遊覽大梁的獸苑，玩得簡直忘了憂愁。周王的大臣綦（ㄑㄧˊ qí）毋恢看在眼裡，就對周君說：「遛邑的獸苑絕不比這個差，又離周很近，我去替君王取得所有權，就可早晚暢遊了。」

綦毋恢於是回頭去見魏王。魏王愧疚地問道：「周君怨恨寡人嗎？」「不怨恨大王，還怨恨誰呢？」綦毋恢回答道：「我真替大王擔憂！周君是天下的共主，傾盡全國之力為大王抵禦秦國，大王卻不能替他抵禦秦國。我認為周君一定會投進秦

的懷抱，到時秦國將出動所有塞外的兵力，聯合西周的軍民，全力攻打魏國的南陽，上黨也就完蛋了。」

「那麼該怎麼辦呢？」魏王問。

「周君的性格貪圖小利，而且在情勢上也不肯侍奉秦。要是大王能送給他溫邑的獸苑，並且答應派三萬軍隊去鎮守，那麼周君對百姓有了交代，又私下貪愛溫邑獸苑的玩樂，就絕對不會跟秦國勾搭了。」綦毋恢說：「我還聽說溫邑獸苑的收益每年八十金；周君得到它以後，將奉獻給大王的是每年一百二十金。這樣一來，上黨可以安然無恙，又額外多了四十金的收入。」

魏王果然乖乖把溫邑的獸苑送給周王，並且派兵去鎮守溫邑。秦軍以為周君已得外援，只好知難而退。

成敗兩全

犀武戰敗以後，周王派相國周足去秦國交涉（西元前二九三年）。有人向周足建議道：「您為什麼不對周君說：『派我到秦國去議和，周、秦的邦交一定惡化；因為君王的大臣和秦國勾結得太多了，要是他想當相國，就會向秦國誹謗我，叫我沒法完成使命。我寧願先免掉相國的職位再出使，好讓君王任命那個人為相。他當了相國，就犯不著再向秦國誹謗我了。』其實周君重視秦國，才派相國出使；臨行而免職，就等於輕視秦國，所以閣下一定不會被免職的。閣下講了這番話再上路，要是能和秦建立良好的邦交，那是閣下的功勞；要是跟秦國的交涉失敗，那和閣下鬧意見的人勢將因此而受到責備。」

獻秦擊齊

魏將芒卯對秦昭王說（西元前二九〇年）：「大王的臣子還沒有一個能在他國掌權而做秦國內應的。我聽說：『賢明的君王，決不捨棄內應而行事的。』大王想從魏國得到的，不外是長平、王屋、洛林等地；假如大王能讓我當上魏國的司徒（六卿之一，司禮教），那麼我能叫魏國獻出這些土地。」

秦昭王說：「好的。」

秦王就設法讓芒卯出任魏國的司徒。

芒卯於是向魏昭王說：「大王最擔心的，莫過於上地；秦國想從魏國取得的，只不過是長平、王屋、洛林之地。假如大王把這些地方獻給秦國，那上地就不會再有憂患了，並

且可藉此向秦請求援軍，往東攻打齊國，奪取的土地一定遠超過給秦國的。」

魏昭王說：「好的。」

魏國就白白的把長平、王屋、洛林等地獻給秦國（西元前二九〇年）。但是獻地以後幾個月，秦國並沒有派遣援軍。魏昭王忍不住就責問芒卯說：「這是什麼道理呢？你說！」

芒卯惶恐地回答說：「我罪該萬死。不過，我死了，那條約就會被秦撕毀，大王也沒法去責難秦國。請大王暫且赦免我的死罪，我為大王去責求秦國遵守條約。」

於是芒卯就趕到秦國，對秦昭王說：「魏國所以把長平、王屋、洛林等地獻給大王，是希望大王派軍去攻打齊國。如今土地已獻入。而秦兵卻遲遲不肯派遣，我都快變成死人了。要是我死掉的話，那以後山東諸侯的人，再也不會替大王效命了。」

秦昭王聽了，恭敬地注視著他說：「由於國務纏身，才沒時間派遣。現在就立刻派遣吧！」

過了十天，秦國果然派出援軍。芒卯就率領秦、魏聯軍去攻打齊國，開拓了二十二縣的地盤。

賣美親秦

秦是個大國，韓是個小國。韓國對秦很疏遠，卻又想在表面上討好秦國。要討好秦國，非黃金不可，韓國只好拍賣美人。美人的身價很貴，諸侯都買不起，只有秦王比較富有，花了三千金買下美人。韓國就把這些黃金拿去孝敬秦王，秦國不但收回黃金，又得到韓國的美人。美人埋怨韓國把她拍賣掉，就向秦王告密說：「韓王實際上很討厭秦國。」

由此看來，韓國不但喪失了美人和黃金，而且使疏遠秦國的態度更加暴露。

有個外國佬就向韓國說：「不如禁絕一切奢侈的用度，把積存的黃金拿去孝敬秦國。這樣黃金攻勢一定奏效，而韓國疏遠秦的內情也不會洩漏。美人大都知道國家的隱事，所以善於計謀的人，絕不把美人推出，免得洩漏了國家機密。」

小而生巨

宋康王時代，在城牆角裡有隻麻雀孵出了一隻猛鸇（ㄓㄢ zhān）。康王叫太史來占卜吉凶。太史占卜後，吞吞吐吐地說：「小鳥而生大鳥，主霸天下。」

宋康王樂壞了，於是就滅滕、伐薛，還攻占楚國淮北之地（西元前三一八年）。從此康王更加自信，恨不得很快就稱霸天下，竟狂妄到用箭射天，拿板子打地，並斬毀社稷而燒成灰。他揚揚得意地誇口說：「看我用威力降服天地鬼神！」

宋國的元老重臣凡是向他諫諍的，都遭到辱罵。宋康王又創製一種不遮覆額頭的王冠，表示自己的勇武絕倫。為了滿足好奇，竟劈開駝子的背，砍下早晨過河人的小腿，使得國人很驚慌。

齊閔王聽到宋康王這些暴虐無道的作為，就找藉口派兵討伐他（西元前二八八年）。宋國人民都四散奔逃，城池也沒有軍隊防守。宋康王逃到倪侯的官邸躲藏，還是被齊軍捉到而殺掉了（西元前二八六年）。

由此可見，小鳥孵出大鳥來，並不見得是天降吉祥；即使天降吉祥，要是不修德愛民，吉祥反而變成災殃。

倚閭而望

王孫賈是位十五歲的少年，臣事齊閔王。當閔王出奔時（西元前二八四年），跟閔王失去了連絡，他的母親就對他說：「每當你早出而晚歸時，我就倚靠著家門等你回來；每當你晚上出去還沒回來時，我就倚靠著里門等你回來。你現在身為君王的臣子，君王出奔，你竟不知道君王的下落。你還回來幹什麼？」

王孫賈挨了罵，轉身走到大街上高聲呼叫道：「淖（ㄓㄨㄛˊ zhuó）齒亂齊國、殺閔王，願意和我一起誅殺他的，裸露右胳臂。」

市街上立刻有四百多人響應，跟隨王孫賈去誅討淖齒，把淖齒刺殺了（西元前二八三年）。

一發不中

蘇厲對周王說（西元前二八一年）：「打敗韓、魏，殺死魏將犀武（西元前二九三年），攻陷趙國的藺（ㄌㄧㄣˋ lìn）、離石、祁（ㄑㄧˊ qí）等三城的（西元前二八二年），都是秦將白起。白起善於用兵，又得天助。如今白起又率軍攻魏（西元前二八一年），魏必然一敗塗地。假如魏軍戰敗，西周就危險了。君王倒不如先阻止白起攻魏，跟白起說：『楚國有一個善於射箭的人，叫做養由基，離開百步之遠射柳葉，百發百中，贏得人們由衷的讚美。卻有個過路的人叫道：「射得好！我可以教你射箭了。」養由基不高興地說：「人人都稱讚我，你卻敢說可以教我射箭。你為什麼不代我射射看呢？」路人說：「我不能教你出左手屈右手那種射法。但是你既然射柳葉已經百發百中了，卻不趁好收場，等一下你

的氣力衰退，弓撥反了，箭鋒也彎了，只要一箭射不中，豈不是前功盡棄？」將軍過去的戰功太豐偉了，人人敬服。如今將軍又率秦兵東出伊闕邊塞，路過東西二周，踐踏韓國領土，為了去攻打魏國；萬一一戰而失利，以前的功勞都報銷了。將軍倒不如休息休息，推託生病，不要出面攻打魏國。』」

樂人之善

燕軍攻破齊國，齊閔王逃奔莒城，被淖齒弒殺了（西元前二八四年）。田單死守即墨城，後來大破燕軍，收復失土（西元前二七九年）。那時齊襄王還是太子，藏匿在太史家。齊國擊敗燕軍後，田單想擁立襄王卻遲疑不決，以致齊國人都認為田單要自立為王。

襄王即位以後，由田單出任宰相（西元前二七九年）。有一天，他們經過菑水，看見一個老人涉過菑水而凍得發抖，出水後竟不能走路，坐在沙灘上喘氣。田單可憐他寒冷，想令後車隨行的人分件衣服給他，卻沒有多餘的衣服可給；田單就脫下自己的皮衣給老人穿上。襄王嫌惡這種事，不覺自言自語道：「田單施恩惠，將要奪取我的政權嗎？不早一點防範，恐怕要來不及了。」

齊襄王唯恐被人聽到，左右看看有沒有人，看到山巖下有個人在串珠。襄王把他叫過來，問道：「你聽見我說的話嗎？」

「聽見了。」串珠者回答。

「你以為怎樣呢？」襄王問。

「大王不如藉此引為己善。」串珠者回答。

「怎樣做呢？」襄王又問。

「大王應該讚美田單的善行，下令道：『寡人憂慮百姓飢餓，田單就收容他們，給他們飯吃；寡人憂慮百姓寒冷，田單就脫下自己的皮衣給他們穿；寡人對百姓愛護備至，田單也對百姓愛護備至，田單太稱合寡人的意旨了。』田單有這些善行，大王就加以讚美；讚美田單的善行，田單的善行也就變成大王的善行了。」串珠者回答。

「很好！」齊襄王說。

於是襄王就賞賜田單牛和酒，讚美他的仁政。過了幾天，串珠者又來求見襄王，說道：「大王上朝的時候，應當請田單來，在朝堂上向他拱手答謝，並且親自慰勞他。然後再下令調查飢寒的貧民，加以收容救濟。」

齊襄王都照辦不誤。後來派人到鄉里間打聽，發現人民都在互相談論道：「田單真是愛人民；啊！都是大王指示的恩澤啊！」

跖（ㄓˊ zhí）狗吠堯

貂勃（西元前二七七年）老是誹謗田單說：「安平君算什麼？只不過是個小人。」

安平君知道了，就特別設酒宴招待貂勃，趁便在席間問道：「我田單究竟是哪兒得罪了先生，以致先生常在朝裡批評我呢？」

「盜跖的狗向堯吠叫，並非因為尊敬盜跖而瞧不起堯，只要不是牠的主人牠就會咬。現在假設公孫子賢明而徐子不賢，兩個人要是打起架來，徐子的狗還是會撲過去咬公孫子的腿。如果能夠離開壞主人。去做賢主人的狗，哪只是撲過去咬對方腿肚的肉呢！」貂勃說。他竟把自己比擬做狗。

田單聽了，頗以為然，第二天，就把貂勃鄭重推薦給齊襄王。從此貂勃就隨時準備為

賢主田單咬人了。

襄王有九個寵幸之臣，都想陷害安平君，一起對襄王說：「當燕國侵略我們的時候，楚頃襄王曾派淖齒為將，率領萬人來幫助齊國。現在國已平定，社稷也安寧了，為什麼不派個特使去向楚王致謝呢？」

「在左右侍臣中，誰可以當特使呢？」襄王問。

這九人集團一致回答說：「貂勃最適當。」

貂勃出使到楚國，楚王設宴款待他，留了幾天還沒回國。那九人集團又交相在齊襄王跟前說道：「一個小小的使臣，竟受到萬乘大國的君王殷勤的招待，豈不是因為他憑藉著安平君的勢力嗎？安平君對大王，平常不守君臣之禮，不分大小尊卑。也許他存心不良，所以對內安撫百姓，籠絡人心，廣施恩德，救濟困窮；對外結納異族和天下賢士，暗中和諸侯中的英雄豪傑來往。他一定想有所作為呀！希望大王多加注意！」

有一天，齊宣王對侍臣說：「叫宰相單來！」

田單脫下官帽，光著腳，露出上半身，低著頭走進宮，畏畏縮縮地請襄王賜予死罪。過了五天，襄王才對田單說：「你並沒有得罪寡人，你照著你的臣子之禮做，我照著我的王者之禮做罷了！」

貂勃從楚國回來，齊襄王當面賜他酒喝。正喝得高興時，襄王對左右侍臣說：「叫宰

相單來！」

貂勃趕緊離開宴席，向襄王叩頭，說道：「大王怎麼說出這種『亡國之言』呢？請問大王上比周文王如何？」

「我不如周文王。」齊襄王回答。

「真的，我也知道大王不如周文王。那麼大王下比齊桓公又如何呢？」

「我也不如齊桓公。」襄王回答。

「真的，我本來就認為大王不如齊桓公。既然不如他們，那麼周文王得到呂望，還尊他為『太公』，齊桓公得到管夷吾，還尊他為『仲父』，現在大王得到安平君，卻直呼他『單』。況且打從開天闢地有人類以來，為人臣的功勞，還有誰比安平君大呢？可是大王卻口口聲聲『單單』。怎麼說出這種『亡國之言』呢？何況當初大王不能守先王的社稷，燕人興兵侵襲齊國，大王逃往城陽山中躲著，安平君卻憑著憂恐危殆的即墨一城——小小的三里內城、五里外郭以及殘兵七千，擒獲燕軍的主將騎劫，而收復齊國的千里失地：這都是安平君的功勞啊！在那個時候，安平君如果閉絕城陽的消息，自立為王，天下沒人禁得了他。但是他能從道義上來設想，認為不應該這樣做，於是依山架木，修棧道、築木閣，畢恭畢敬地往城陽山裡迎接大王和王后，大王才能回國治理百姓。現在國家已平定，百姓已安寧，大王就大叫『單單』。即使是嬰孩，都不會出這種餿主意的。大王趕快殺掉出餿主意的那些壞蛋，然後向安平君謝罪；不這樣的話，國家就危險了。」

齊襄王醒悟了，果然下令殺掉那九個寵幸之臣，驅逐他們的家屬，更將夜邑一萬戶加封給安平君。

免身全功

昌國君樂毅為燕昭王率領趙、楚、宋、魏、燕五國聯軍伐齊，一連攻陷七十多城（西元前二八〇年），全部劃歸燕國版圖。齊國只剩聊、即墨、莒三座城沒被攻下，這時燕昭王卻死了（西元前二七九年）。燕惠王即位，中了齊國田單的反間計而懷疑樂毅，另派大將騎劫接替他（西元前二七九年）。樂毅恐怕回燕國會被殺，就逃到趙國去；趙惠文王非常禮遇他，封他為「望諸君」。後來騎劫兵敗被殺，齊田單將失地完全收復（西元前二七九年）。燕惠王非常懊悔，又擔心趙國重用樂毅，趁燕國之敗來伐燕。於是就派人去責備樂毅，一方面又寫封信向樂毅道歉說：「先生把全燕國都委託將軍，將軍為燕而大勝齊國，報了我列祖列宗的深仇，天下諸侯無不為之而震驚。我怎敢有一天忘掉將軍的功勳

呢？不幸先王丟下群臣而去，我新即王位，竟被左右侍臣所蒙蔽。我所以派騎劫去接替將軍的職位，為的是將軍常年在外征戰，想讓將軍回來休息一下，並就近商談國家大事。不料將軍誤信傳言，認為我對將軍有成見，就捐棄燕國而歸附於趙。將軍為自己打算，倒是很周全；然而又怎麼來報答先王對待將軍的厚意呢？」

於是望諸君樂毅就派人帶了封書信獻給燕惠王（西元前二七九年）。信上寫道：「臣庸碌無能，不能遵照先王的教誨，來順應左右大臣的心意，深怕回國後受到死刑的處分，以致損害了當年先王擢用臣下的明智，也會連累足下落一個不義的惡名，所以我才逃奔到趙國；自己既背了不忠的罪名，也就不敢有所辯白了。如今君王打發使者來數落我，我怕君王的左右還不了解當年先王栽培我寵幸我的道理，也不明白我當年所以侍奉先王的用心，因此才敢寫這封信來奉答君王。

我聽說凡是聖賢的君主，都不把俸祿私自送給自己親近的人，而只給那些功勞多的人；也不拿官位隨便委派自己喜歡的人，而只給那些有才幹的人。所以凡是考察臣下的才幹大小再委派官職的，就是在政治上成功的君主；凡是審度對方的行為優劣再聯絡交往的，就是在人格上成名的人物。就我所懂得的一點學識來看，我覺得當年先王的行事為人，的確有凌駕當世諸侯的大志，因此引起我的嚮往之情，藉著魏國派我出使的機會，親自來到燕國，得蒙先王的賞識（西元前二八五年）。先王當時特別提拔我，把我從賓客的

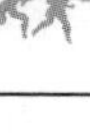

地位擢升到群臣之上，也不和宗室大臣商議，就叫我做了副相。我認為只要服從命令，遵守教誨，就可以僥倖無罪，所以接受了任命而沒有推辭。

當年先王對我說：『我和齊國有血海深仇，不管怎樣軟弱，也打算跟齊國拚一拚。』我說：『齊國，從前稱霸天下的餘威仍存在，過去屢次戰勝的聲勢未消失；人民都熟習軍事，懂得戰爭攻伐。大王如果想攻打齊國，那就一定要聯合天下諸侯一同出兵；聯合天下諸侯一同出兵，那就沒有比先聯合趙國更便捷的了。齊國現在占據的淮河以北的宋國地盤，楚魏兩國都想奪到手；趙國如果答應出兵，可以再聯合楚、魏之師，而宋國也必然盡力。如此，以我們復仇的雄師，再加上四個國家的兵力，一定可以把齊國徹底打垮。』先王聽了，立刻同意。於是我便面受先王的指令，準備應用文件，親自出使趙國。不久把事情辦妥了，趕緊回來復命；接著又率領軍隊，隨同各國去攻打齊國（西元前二八四年）。仰賴上天的賜福和先王的聲威，被齊國割據的黃河以北的燕國故地，都響應先王而攻打齊國，一下子就打到濟水之濱。在濟水上游會師的諸侯聯軍，奉令向齊國發動攻擊，結果又大勝齊軍。接著選派快速的精銳部隊，長驅直入齊國的京城臨淄；齊閔王倉皇南逃莒城，才保留了一條老命。齊國那些珍珠、寶玉、金銀、兵車、戰甲，以及所有珍貴物品，完全沒收到燕國來了。齊國的大呂鐘安置在燕國的元英宮，燕國從前被齊搶去的鼎又回到歷寶殿，擄獲的齊國珍貴物品也都陳列在燕國的寧臺，燕京薊（ㄐㄧˋ jì）邱一帶的植物也都移

植到齊國汶水一帶的竹田裡去。自從五霸以來，再也沒有誰比得上先王的豐功偉業了。先王當時覺得很滿意，認為我還算稱職，所以才劃出一塊地方封賜給我，叫我能夠和那些小國諸侯相比。我沒有什麼才幹，卻認為只要服從命令，遵守教誨，就可以僥倖無罪，因此就接受了封賜而沒有推辭。

我聽說：『凡是賢明的君主，建立了功業就絕不肯自行廢棄，所以才能名留青史；凡是有先見的人物，樹立了名譽就絕不肯自行毀壞，所以能為後代所歌頌。』就像先王的報仇雪恥，滅亡了擁有萬輛兵車的強國，沒收了敵人八百年的積蓄，到了逝世的那一天，還將遺命詔告後嗣；執政大臣所以能夠遵循法令，使得眾庶子們順服不爭，那都是先王預加安排的緣故。先王的恩惠可說已達到最卑賤的人民和奴隸身上，一切施為都可以垂教後世。我又聽說：『善於創業的人，不一定有好的成就；開始很好的人，不一定有好的結局。』以前伍子胥的計謀被吳王闔閭採納了，所以闔閭能夠遠征楚國，攻陷郢都；夫差就不信任伍子胥，反而把他的屍體，裝在皮囊裡投進長江。原來夫差根本不明白有先見之明的言論可以建立功業，所以才把伍子胥沉在江裡而不後悔；伍子胥不能早些看出前後兩位君主不同的氣度，所以才落得自殺沉江而不肯離開。至於說到我自己，要是能夠避免殺身的罪刑而成全伐齊的功績，用以表揚先王的遺業，這是我的上計良策；如果遭受了誹謗殺戮，以致敗壞了先生的名望，那是我最害怕的事；至於說已蒙受了這樣重大的罪名，反而

幫著趙國去圖謀燕國，以求取個人的利益，在道義上這是我絕對不敢做的。

我更聽說過：『古時候的君子，和朋友絕交以後，絕不向對方說不好聽的話；忠臣離開國家以後，絕不為自己的名譽洗刷。』我雖沒有什麼才幹，卻常常聽到君子這樣講。現在只是怕君王聽信左右的話，不能明察我的言行舉動，所以才敢寫這封信回答君王，還請君王多多留意！」

抱薪救火

華陽之戰，魏軍被秦軍打敗（西元前二七三年）。第二年，魏將派段干崇割地跟秦講和（西元前二七二年）。魏人孫臣對安釐王說：「魏國沒有在戰敗時割地給秦，可以說善於應付戰敗的局面；而秦國不在戰勝時要求魏國割地，可以說不會利用戰勝的優勢。現在事情已過了一年，才要割地給秦，這是群臣在為自己打算，而大王又不夠聰明。那些想討秦王歡心以取得封爵的，以段干子為代表，而大王竟然派他去割地給秦；要求割地的是秦國，而大王卻任由他頒授封爵。想要接受封爵的必然多割讓去地，想要獲得土地的必然多頒授封爵；在這種情勢下，就沒有魏國的存在了。何況那些奸臣們本來就想拿國土去侍奉秦國。拿國土去侍奉秦國，就像抱著柴草去救火；柴草不燒完，火是不會停的。大王的土

地有限，而秦國的慾望卻無窮；這就像抱著柴草去救火呀！」

魏安釐王說：「確實有道理，可是我已經答應秦國，不好變卦呀！」

孫臣回答說：「大王難道沒看過下棋的人用梟嗎？要吃就吃，要停就停。現在大王被群臣脅迫而答應割地給秦，還要說不好變卦；大王的聰明怎麼還不如下棋的人呢？」

魏王說：「好的！」

於是魏王就把割地的事擱置下來。

倖臣妖祥

莊辛對楚襄王說（西元前二八〇年）：「在君王身旁的，左邊有州侯，右邊有夏侯；坐在車上陪伴君王出行的，有鄢陵君和壽陵君；這些人專門引誘君王幹些淫亂奢侈的事，使得君王不理國家政事。照這樣下去，郢都必定危險。」

「先生老糊塗了嗎？你以為楚國將有什麼災異嗎？」襄王嚷道。

「我實實在在看到一種必然的現象，並不敢故意拿國家會有什麼災異來聳人聽聞呀！」莊辛說：「君王如果繼續親近這四個人，楚國必定滅亡無疑。我情願躲到趙國去，在那裡待一段時間瞧瞧。」

莊辛離開楚國，到趙國才住了五個月，秦國果然攻陷了鄢、郢、巫、上庸等地（西元

前二七九年）。襄王流離逃亡到城陽，歷盡苦難。這時襄王想起了莊辛，於是打發快馬去趙國接他。莊辛答應了。

莊辛到了城陽（西元前二七七年），襄王對他說：「我沒有採納先生的話，以致事情已糟到這個地步。我該怎麼辦呢？」

「俗語說：『見了兔子再去找狗，還不算晚；走失了羊群再修補羊圈（ㄐㄩㄢˋ juàn），還不算遲。』」莊辛答道：「我聽說古時的商湯和周武王，只憑一百里地就開創天下；而夏桀和殷紂王，雖然擁有天下，卻招致滅亡。如今楚國雖不大，截長補短拼湊一下，還有幾千里，又何止百里呢！

君王難道沒見過蜻蜓嗎？牠有六隻腳和兩對翅膀，在天地之間自由飛翔，一低頭就能啄食蚊蠅，一仰臉就能吸飲甘露，自己滿以為與世無爭，不會有什麼災難；卻不知那些頑皮的小男孩正在調製黏液沾在絲線上，向上拋出三丈來高，要把自己捉下來，給螻蛄、螞蟻作食料呢！

蜻蜓不過是小東西，比牠大一點的黃雀也跟牠一樣。飛下來就啄食白色的米粒，飛上去就棲止茂盛的樹枝，牠鼓翅張翼地自由翱翔，自己滿以為與世無爭，不會有什麼災難；卻不知那些公子哥兒左手拿著彈弓，右手捏著彈丸，將射向高飛在七八丈高的自己身上來。牠的脖子變成了彈射的標的，白天還在豐茂的樹枝上歌唱，晚上就成了酸鹹的菜肴；

不過一剎那間，就落到公子哥兒的手中。

黃雀不過是小東西，比牠大一點的黃鵠（ㄏㄨˊ hú）也跟牠一樣。在江海上遨遊，在湖沼上停落，低下頭就吃鱔魚、鯉魚，仰起臉就咬菱角、荇（ㄒㄧㄥˋ xìng）菜，張開牠那三對勁羽，駕乘著清風，在高空中飄飄搖搖地飛翔，自己滿以為與世無爭，不會有什麼災難；卻不知那些獵人正在調整弓箭，準備射具，將射到在七八十丈高的自己身上。牠遭受了銳利箭鏃（ㄗㄨˊ zú）的穿射，帶著微細的箭絲，歪歪斜斜地從清風中跌落下來；白天還在江湖上遨遊，晚上就被放在鍋鼎裡烹調。

黃鵠不過是小東西，蔡靈侯的事情也跟牠一樣。他南遊那高峻的峰巒，北登那有名的巫山，喝著茹溪的清流，吃著湘江的鮮魚；左手抱著妙齡的嬌妾，右手擁著寵幸的美女，和她們在國都上蔡地方馳騁遊樂，不理會國家的政務；卻不知那子發正受命於楚靈王，要用紅繩子把自己綁去見楚王呢！

蔡靈侯的事情不過是一件小事罷了，君王的事情也跟這一樣。在君王身旁的，左邊有州侯，右邊有夏侯，坐在車上陪伴君王出行的有鄢陵君和壽陵君，吃著從采邑取得的米糧，花著國庫儲存的金錢，跟他們在雲夢澤裡馳騁遊樂，不理會國家的政務；卻不知那穰（ㄖㄤˊ ráng）侯正受命於秦昭王，要占據黽（ㄇㄧㄣˇ mǐn）塞以內的地盤，把您自己投擲到黽塞以外去。」

楚襄王聽了莊辛這一席話，臉上的顏色都變了，渾身發抖；於是拿著珪符授給莊辛，封他為陽陵君，賜給他淮北的封地（西元前二七七年）。

龍陽涕魚

魏安釐王和龍陽君坐在一艘船上釣魚，龍陽君釣到十多條，卻在掉眼淚。安釐王一看他哭，很憐惜地問道：「哪裡不舒服呢？如果有的話，怎麼不告訴我呢？」

「我並沒什麼不舒服。」龍陽君回答。

「那麼為什麼流眼淚呢？」安釐王問。

「因為我就是大王釣到的魚。」龍陽君說。

「這話是什麼意思呢？」安釐王問。

龍陽君說：「我剛釣到魚的時候，還滿高興的，後來又釣到更大的魚，就想把最初釣到的丟掉。現在我憑著醜陋的樣子，能有機會在大王的左右侍奉；很榮幸的，我的爵位已

經是被封為『君』，在朝廷中頗受朝臣們的禮敬，在街道上人們都要迴避讓路。但是，天下美人必然很多呀！當他們聽到我在大王面前得到寵愛，一定會撩起漂亮的衣服趕到大王的身邊來爭取寵愛，到那時，我就變成大王最先釣到的小魚。我一想到也將被拋棄，怎能不傷心流淚呢！」

「哎唷（ㄞ ㄧㄛ āi yō）！有這樣的憂慮，為什麼不早點跟我講呢！」安釐王憐惜地說。於是安釐王就通令全國說：「有敢獻美人的，一律抄家滅族！」

死弗敢畏

范睢（ㄐㄩ jū）一到，秦昭王親自到庭院迎接（西元前二七一年），對他說：「寡人本來就該向您討教的，只因義渠的情況緊急，寡人天天都得向太后請示機宜。現在義渠的事情總算結束，寡人才有功夫向您討教。實在抱歉得很，竟糊里糊塗的，沒有早接近您。」

秦王恭恭敬敬行了賓主之禮，范睢也謙讓了一陣。這一天凡是看到范睢風度的人，沒有不肅然起敬的。

秦昭王斥退左右近侍，宮中再沒有別人。秦昭王便挺起身跪著請求道：「先生願意教導我什麼呢？」

范睢只是唯唯應諾著。

過了一會兒，秦昭王又向范雎請教，范雎還是唯唯漫應著。像這個樣子一連三次。「難道先生不願意指教寡人嗎？」秦昭王挺直身子跪著問。

「不敢這樣啊！」范雎趕緊謝罪道：「我聽說從前呂尚遇著文王的時候，只不過是一個在渭水北岸垂釣的漁翁而已，雙方根本沒什麼交情可言；可是等呂尚說完了一套話，文王馬上拜他為太師，用車載他一起回朝；因為呂尚的話極關緊要呀！後來文王果然靠呂尚的幫助，據有天下而自立為帝王。假使文王當年疏遠了呂尚，不和他深談，那麼周朝也就沒有做天子的德行，而文王和武王也不能完成他們的王業了。

現在我只不過是個寄食外鄉的平民，和大王沒有什麼交情；然而想向大王剖陳的話，卻全是匡正君臣的事。夾在人家至親骨肉之間，想把我卑陋的忠誠表達出來，可是又不知道大王的心意怎樣；大王三問而我都不敢回答，就是這個原因。我並不是有所畏懼而不敢說；明知今天說出來，明天就得慘死，我還是不怕。只要大王肯相信並進行我說的話，就是死，我也不以為是痛苦的；就是亡，我也不以為是禍患；即使用漆塗身假裝大痲瘋，披頭散髮假裝精神病，我也都不認為是可恥的事。像五帝那樣聖明都得死，像三王那樣仁愛都得死，像五霸那樣賢能都得死，像烏獲那樣凶猛都得死，像孟賁（ㄅㄣ bēn）、夏育那樣勇敢都得死；死，是人類絕對不能避免的。既然人一定非死不可，只要對秦國稍有幫助，就是我的最大願望，我有什麼好害怕的呢？

當年伍子胥藏在行李包裡偷渡昭關，黑夜才敢走路，白天伏著不動。當他走到蔆（ㄌㄧㄥˊ líng）水時，餓得快死了，竟爬在吳國大街上討飯；可是後來他終能復興吳國，使吳王闔閭稱霸天下。如果讓我能像伍子胥那樣進獻計謀，再把我幽囚起來，終身不讓我和大王見面。只要我的建議已被採納實行，那我還憂慮什麼呢？古時箕子和接輿，用漆塗身假裝大痲瘋，披頭散髮假裝精神病，可惜對殷和楚並沒有幫助；即使讓我像箕子、接輿一樣漆身裝瘋，只要能夠對賢明的君王有所幫助，這就是我的最大光榮了，我還會感到什麼恥辱呢？我所擔心的，只是怕天下的人看到我盡忠而被殺，從此閉口不言、裹足不前，不肯再親近秦國罷了。大王如今上面害怕太后的嚴厲，下面迷惑於姦臣的作弄，居住在深宮裡，早晚離不開保傅的手，終身糊里糊塗，沒有辦法鑑別姦邪。照這樣下去，嚴重時足以亡國滅宗，輕微的也會使自身陷於孤立危險：這是我所擔憂的哩。至於窮困羞辱的事情，死亡滅絕的禍患，我不敢為此而擔憂；我死了而秦國能夠富強，還勝過我活著呀！」

秦昭王跪著說道：「先生您這是什麼話呀！秦國這麼偏僻遙遠，寡人又這麼愚蠢不肖，承先生不棄，樂意來到這裡，這真是上帝把寡人託付給先生，藉以保存先王的宗廟呀！寡人現在能夠得到先生的指教，這是上帝保佑先王，不忍心拋棄他的後裔的緣故呀！先生怎麼說出這種話來！事情無論大小，不管是太后的，或者是大臣的，希望先生全都教導寡人。不要再懷疑寡人吧！」

范雎聽了這話，向秦昭王拜了兩拜，秦昭王也拜了兩拜。接著范雎提出「遠交近攻」的策略，主張先以全力進攻韓、魏，以占領土地為作戰目標，不從事越境遠征，以減少不必要的浪費；並建議聯絡楚、趙等國，以孤立韓、魏。秦昭王接納此建議，十年之間，黃河以北的韓國地盤，全被秦席捲而去。

投骨鬥狗

天下的策士聚集在趙國討論合縱盟約，以便攻打秦國。秦相應侯范睢對秦昭王說（西元前二六六年）：「大王不必擔憂，我可以叫他們解體。秦對於天下的策士，其沒有仇冤，他們所以聚在一起謀劃攻秦，只不過自己想升官發財罷了。請看大王的那些狗，躺的躺、站的站、走的走、停的停，沒有互相爭鬥的；投一塊骨頭給牠們，立刻跑過來齜（ㄗ zī）牙咧（ㄌㄧㄝˇ liě）嘴地亂咬亂叫。為什麼呢？就因為有了爭奪的念頭。」

於是范睢就派唐睢率領歌舞團，帶著五千金，讓他在趙國的武安大擺宴席，並且對外宣稱：「聚集在邯鄲的天下士，誰願意先來拿些黃金？」

結果參加合縱會談的謀士，雖然沒有全部得到黃金，得到黃金的都跟唐睢稱兄道弟

了。

范雎又告訴唐雎說：「閣下為秦在外交上建功，不必管黃金究竟給了哪些人，只要把黃金都花光，功勞就多了。現在再派人載五千金給閣下花。」

於是唐雎再度到武安收買天下策士。結果花不到三千金，那些謀士們就自相爭鬥了。

散棋佐梟（ㄒㄧㄠ xiāo）

齊人唐睢（可能是投骨鬥狗的唐睢）晉見楚國春申君黃歇說（西元前二四一年）：「齊國人認為整飾外表、修養品行就能得到祿位，然而我卻不願去學。我不怕涉渡江河，走了一千多里路而來，就是仰慕賢公崇高的節義，想使賢公的事業更加恢宏。我聽說那孟賁、專諸只是身懷尖錐利刃，人人競稱他們是勇士；西施只穿粗布衣裳，天下人都說她是美女。如今賢公榮居萬乘楚國的宰相，防禦中原諸國的侵擾；但是所希望的並沒成功，所要求的也沒得到，這是因為有才幹的輔佐之士太少了。

下棋時，那顆猶如將帥的梟所以能吃盡對方，主要是由於很多散棋幫他圍堵。一顆梟

勝不過五顆散棋，這是很明顯的道理。現在賢公為什麼不當天下的梟雄，而讓臣等擔任散卒呢？」

冠蓋相望

魏與秦搞同盟後，齊、楚聯合起來要攻打魏國（西元前二六六年）。魏王派使臣向秦國求救，求救使臣一個接一個，他們的帽子和車蓋沿途相望；可是秦國卻不肯派出救兵。魏國有個人叫做唐且（ㄐㄩ jū）（又一唐且，與前則不同人），年紀已經九十多，還去向魏安釐王說：「老臣願意出使到西方去遊說秦王，叫他的軍隊比我先出來，好嗎？」

「謝謝！」魏安釐王恭敬地說，於是派出車子送唐且到秦國去。

唐且晉見秦昭王以後，昭王對他說：「老先生那麼疲累了，還走了那麼遠的路來到這裡，一定夠辛苦了。魏國連連派使來求救，寡人知道魏國很緊急了。」

唐且回答道：「大王已知道魏國的緊急，而救兵卻始終沒派出，這就證明大王那些

策劃的謀臣沒盡到責任。況且那魏國是一個擁有萬輛兵車的大國，所以甘願向秦國自稱東方屏藩，接受所賜冠帶，春秋供奉祭品；那是認為秦國強盛，足以當作盟國來信賴。如今齊、楚的軍隊已逼近魏都了，大王的救兵不來，魏國一著急，可能會割地和齊、楚結盟；到那時大王即使要派兵救魏，也來不及了。這樣就喪失了一個擁有萬輛兵車的魏國，而強化了齊、楚兩個敵國。所以我認為大王的謀臣都沒盡到責任。」

秦王聽了這番話，恍然大悟，感嘆不已，於是趕緊派遣部隊，下令連夜趕往魏國支援。

齊、楚兩國得到這消息，也就把軍隊撤退了。

不可不忘

信陵君魏無忌殺死魏將晉鄙，奪得軍權後，率軍趕往邯鄲救趙，結果大破秦軍，挽救了趙國的危亡命運。當趙孝成王親自到郊外迎接時（西元前二七五年），魏臣唐且（與使秦者同一人）先對信陵君說：「我聽說：『事情有不可知道的，有不可不知道的；有不可忘記的，有不可不忘記的。』」

「這些話指的是什麼呢？」信陵君問。

唐且回答道：「人家憎恨我，不可以不知道被憎恨的緣由；我憎恨人家，不可以讓別人知道憎恨他的原因；人家對我有恩惠，不可以忘記；我對人家有恩德，不可以不忘記。如今閣下殺晉鄙、救邯鄲、破秦人、存趙國，這是對趙國極大的恩德。現在趙王親自到郊

外來迎接閣下，閣下千萬不能擺架子，可要若無其事地會見趙王哪！我希望閣下能忘掉對趙國的恩德。」

信陵君恭敬地說：「我無忌很樂意接受先生的指教。」

以生人市

趙上卿虞卿問趙孝成王說（西元前二六六年）：「照一般的常情來說，寧願受別人朝見呢？還是寧願去朝見別人呢？」

「任何人都希望受別人朝見，怎麼會寧願去朝見別人呢？」趙孝成王說。

虞卿說：「魏國是合縱之約的盟主，而阻擋趙國當盟主的就是范痤。現在大王可用百里之地和萬戶之都做條件，去要求魏國殺掉范痤；范痤一死，那麼合縱之約的事務就可以轉移到趙國來。」

「好的！」趙孝成王說。

於是趙王就派人用百里之地為條件，去要求魏國殺掉范痤。奇怪得很，魏安釐王竟然

答應了，立刻派司徒逮捕范痤。范痤趁著還沒被殺，趕緊上書給安釐王說：「我聽說趙王拿百里的土地，請求大王把范痤殺掉。殺死一個無罪的范痤是件小事，獲得百里的土地卻是一件大利，我私自為大王感到慶幸。雖說不錯，但有一點要留意的：要是百里之地不能得到的話，已經殺死掉的卻不能叫他復活，到那時大王必然會被天下諸侯譏笑了。所以我私下認為與其用死人來做這筆交易，倒不如用活人交易來得便利。」

范痤又寫封信給他的後任宰相信陵君魏無忌說：「趙和魏是勢均力敵的國家，如今趙王寄來小小的一封信，魏王就輕易地為他殺死無罪的痤。我范痤即使不肖，也當過魏國的宰相，曾經為了魏國的緣故而得罪趙國。一個國家，如果朝廷沒有柱石之臣，即使能在外邊獲得土地，也沒辦法鎮守的。然而今天能守住魏國的，再沒有人比得上賢公了。君王聽從趙王的話，殺掉痤以後，要是強秦也按照趙國的樣子來要求，並且加倍趙國百里的割地，到那時賢公將怎樣來阻擋強秦無理的要求呢？這將是賢公的大困擾哪！」

信陵君看了信以後說：「果然厲害，下一個可能輪到我！」

於是信陵君趕緊去向安釐王陳述意見，終於把范痤釋放了。

愛子計遠

趙太后剛剛執政，秦國乘機急攻趙國。趙國向齊求救（西元前二六五年），齊國政府說：「一定要用長安君來作人質，齊國才肯出兵。」

太后不肯這樣做，大臣們都極力諫諍。太后一字一字清清楚楚地對左右侍臣說：「有再提把長安君送去作人質的，老婦一定唾他的臉！」

左師觸讋（ㄓㄜˊ zhé）請求見太后。太后滿面怒氣等他來。觸讋慢吞吞走進來，走到太后面前就謝罪道：「老臣的腳有毛病，走路不大方便，所以好久沒有來拜見太后了。我私下猜測，也許太后的玉體也一樣的不舒服，才來見見太后。」

「老婦得靠推車走路。」太后說。

「每天的飯量沒有減少嗎？」觸讋問。

「只喝喝稀飯罷了。」太后回答。

「老臣近來也不大想吃，就勉強自己每天慢步走個三四里，漸漸稍微喜歡吃東西，身體也覺得舒服些。」觸讋說。

「可惜老婦辦不到。」太后說。

看太后的臉色溫和多了，左師公於是繼續說：「老臣有個兒子叫做舒祺，年紀很輕，沒什麼本領；可是我已經衰老了，因為很疼愛他，希望能讓他補個衛士的缺來保衛王宮，所以冒著死罪把這話說給太后聽。」

「那沒問題！他幾歲了？」太后說。

「十五歲。雖然年紀還輕，希望趁老臣還沒死，給他安排託身之處。」左師回答。

「男人也疼愛自己的小兒子嗎？」太后問。

「比女人還疼愛。」左師回答。

太后笑了，說：「我們女人疼得特別厲害！」

「老臣私下覺得老奶奶您愛燕后，遠超過愛長安君。」左師說。

「您錯了，比不上愛長安君的厲害！」太后說。

「父母疼愛兒子，是為他們往長遠處著想的。」左師公說：「當年老奶奶您送別燕后

的時候，拉著她的腳後跟流淚，為她就要遠嫁他方而悲傷，也夠哀憐她了。她出嫁以後，心裡不是不想念呀！可是每當祭祀的時候必定禱告，禱告說：『一定別讓她回來！』這難道不是往長遠處著想，希望燕后能有子孫世世代代繼承王位嗎？」

太后說：「是的。」

左師公繼續說：「從現今往上數到三代以前，數到趙國從大夫之家成為諸侯之國的時候起，那歷代國君的子孫被封為侯的，他們的後嗣還有存在的嗎？」

「沒有。」太后回答。

「不僅是趙國，就是其他諸侯的子孫受封的，還有存在的嗎？」

「老婦沒聽說過。」

「這是因為近些的本身就遭禍殃，遠些的就禍延子孫。難道說人主的子孫就一定不好嗎？這是由於他們爵位高而沒有功勳，俸祿厚而不做事，又擁有大量的貴重寶物呀！如今老奶奶您使長安君有了尊顯的地位，封賜他肥沃的土地，又給他大量的貴重寶物，卻不叫他趁現在為國家建立功勳；如果一旦太后崩逝，那長安君又怎麼能在趙國立足呢？老臣認為老奶奶您替長安君打算得太短近了，所以覺得您愛他比不上愛燕后。」

「好吧！就任憑您怎麼安排好了。」太后終於想通了。

於是趙國準備一百輛車子，送長安君到齊國作人質，齊國也如約派軍隊去救援趙國。

問有本末

齊王建派使者給趙威后請安（西元前二六四年）。帶來的書信還沒有拆開，威后就向齊使問道：「今年收成還好嗎？百姓也都平安嗎？齊王也平安嗎？」

「臣是奉命來向威后請安的。如今您不先問齊王，倒先問起年成和百姓來，豈不是先卑賤而後尊貴嗎？」

「不是的。」威后說：「假如沒有收成，哪裡還有百姓？假如沒有百姓，哪裡還有君王？照老例子那種問法，豈不是捨本而問末了嗎？」

於是威后繼續向齊使問道：「齊國有位處士叫做鍾離先生的，還好嗎？他的為人是：有糧食的讓他們有飯吃，沒糧食的也讓他們有飯吃；有衣服的讓他們有衣穿，沒衣服的也

讓他們有衣穿。這是幫助齊王養育百姓的呀，為什麼到現在還不給他職位，叫他成就更大的功業呢？葉（ㄕㄜˋ shè）陽先生還好嗎？他的為人是：憐憫鰥（ㄍㄨㄢ guān）夫寡婦，撫恤孤兒獨老，救濟困窘窮苦的，補助衣食不足的。這是幫助齊王蕃殖百姓的呀，為什麼到現在還不給他職位，叫他成就更大的功業呢？姓北宮的那位嬰兒子小姐還好嗎？她為了侍奉父母，除下耳環玉飾，終身不嫁人。這是倡導百姓孝順父母的呀，為什麼到現在還不給她封號表揚呢？有這樣的兩位處士不給他們職位以成就功業，有這樣的一位女子不給她封號表揚，怎麼能夠治理齊國、愛養萬民呢？於陵那位叫子仲的還活著嗎？他的為人是：對上既不肯做齊王的臣，對下也不肯管理自己的家，對中更不肯同諸侯交往。這是倡導百姓變成無用廢物的，為什麼到現在還不殺他呢？」

以愛殉葬

秦宣太后私下跟魏醜夫搞得火熱。太后病重將死的時候（西元前二六五年），下令說：「替我辦喪事，必須用魏醜夫殉葬。」

魏醜夫很怕死，聽了這話，愁眉不展，庸芮（ㄖㄨㄟˋ ruì）替魏醜夫去向宣太后求情，說道：「太后認為人死了以後還有知覺嗎？」

「沒有知覺了！」太后神色黯然，顯得有氣沒力的。

「像太后這樣賢慧的人，明知人死後沒有知覺，為什麼又要把在世時喜愛的人，白白殉葬在已經毫無知覺的死人旁邊呢？假如說人死了還會有知覺，那麼先王在地下鬱積憤怒已經很久了，太后補救過失還怕來不及，哪裡還有時間去偷愛魏醜夫呢？」庸芮直截了當

地說。

「好的！」太后無奈地說，就取消了用魏醜夫殉葬的原意。

不死之藥

有人獻長生不死的藥給楚王，由接待的侍臣拿進宮去。一個侍衛的副官見了，盤查一番後，問道：「可以吃嗎？」

「可以。」侍臣回答。副官把不死之藥搶過手就吞進肚裡。

楚王正夢想長生不死，知道自己的長生不死藥被搶了，非常憤怒，就下令殺掉副官。副官託人向楚王解釋道：「我問那位侍臣，侍臣說可以吃，我聽他的話才把藥吃了；可見我沒罪，罪在侍臣。況且客人獻的是長生不死藥，我吃了立刻就被大王殺死，那『不死藥』原來是『必死藥』啊！大王殺死一個無罪的臣子，就證明大王被人家欺騙了。」

楚王總算領悟了，也就沒殺這個吞食長生不死藥的副官。

驥（ㄐㄧˋ jì）服鹽車

說客汗明去見楚相春申君黃歇（西元前二六二年），苦等了三個月，總算見到面。兩人談了一陣話，春申君很欣賞他。汗明想再談下去，春申君卻說：「我已經了解先生，先生大可休息啦！」

汗明恭恭敬敬地說：「我想請教閣下一句話，又怕太淺陋了見笑！不知閣下和堯相比，誰來得聖明？」

「先生問得太過分了，我哪配和堯相比呢？」春申君回答。

「那麼在閣下看來，我可以和舜相比嗎？」汗明問。

「先生就是舜啊！」春申君回答。

「不對的！」汗明說：「誰讓我為閣下說明一下：閣下的賢明實在不如堯，我的才能也不及舜。憑賢能的舜去侍奉聖明的堯，三年後才被賞識。現在閣下憑著一席話就了解我，這樣就是閣下比堯聖明，而我比舜賢能了。」

春申君說：「這話有道理。」

春申君就叫門吏把汗先生的名字寫在賓客簿上，註明每五天接見一次。

某次，汗明又對春申君說：「閣下聽過千里馬的故事嗎？那千里馬到了可以駕車的年齒了，接著滿載鹽巴的車登上太行山，四隻蹄子張得開開的，屈著膝蓋，垂著尾巴，胸口一起一伏的，鹽汁灑滿地，累得滿身大汗，勉強拉到半山腰就倒退下來，努力駕著車轅就是拉不上山。幸而有伯樂路過，遇見了牠，把牠解下車來，攀著牠哭，脫下細麻衣蓋在牠身上。千里馬於是低下頭鼓動著鼻子噴氣，仰起頭來嘶鳴，像金石般嘹亮的聲音上達天庭。為什麼會這樣呢？因為千里馬認為伯樂是牠的知己啊！現在敝人沒什麼才幹，困阨在州閭行伍間，居處於閉塞的貧民窟裡，淪落在卑賤的人群中，為時已經很久了。閣下難道無意替我洗掉汙濁，去除厄（ㄜˋ è）運，讓我為閣下高鳴幾聲嗎？」

火中取栗

秦昭王對公子他（ㄊㄨㄛ tuō）說：「前年當殽（ㄧㄠˊ yáo）之戰時，韓國充當中軍，與諸侯合力攻秦。韓國跟秦交界，方圓不過千里，卻輾轉反覆，不願訂立盟約。前日當秦、楚藍田之戰時，韓國一度派精兵支援秦國，但一見秦軍失利，就轉而幫助楚國。可見這個國家根本不固守盟約，只要對己有利就幹。韓國可真是我的心腹之患，我打算討伐它，怎麼樣呢？」

公子他說：「大王如果全力出兵攻韓，韓國必然恐懼；一恐懼，我們就可以不戰而多割取土地。」

秦昭王認為有道理，於是兵分兩路大舉伐韓（西元前二六三年），一路逼臨滎（ㄧㄥ

yíng）陽，一路迫近太行山。韓國果然朝野震驚，立刻派陽城君到秦國謝罪，請求奉送上黨之地來談和。一方面韓王又派公子韓陽去通知上黨太守靳黈（ㄐㄧㄣˋ ㄊㄡˇ jìn tǒu），要他準備把上黨拱手讓與秦國。靳黈卻說：「常言道：『拿著瓶子打水的小人物，也懂得不要丟失負責看管的水瓶。』雖然是君王交付下的命令，要是我喪失了上黨，君王和公子還是會怪我的。請讓我動員上黨軍民來應付秦國；假如不能成功，甘願以身殉職。」

公子韓陽趕緊回去報告韓桓惠王，桓惠王懊惱地說：「我已答應秦相應侯（范雎）了，要是不給的話，就等於欺騙他。」

於是韓王就派馮亭去接替靳黈的上黨太守職位（西元前二六二年）。馮亭上任三十天後，卻偷偷派人請求趙孝成王說：「韓國不能守上黨，將割讓給秦國；但是當地人民都不願被秦統治，而願歸順趙國。現在上黨有城市之邑七十，願意全部奉獻給大王，只等大王裁決。」

趙孝成王很高興，跟平陽君趙豹談起這件事，並問他該怎麼辦。平陽君趙豹卻說：「聖人認為無緣無故而得利，必然會招來慘禍。」

「人家是仰慕我的德義，怎麼說無緣無故呢！」孝成王說。

趙豹回答說：「秦國蠶食韓國的土地，有意切斷上黨跟韓國的聯絡，早就認為可以輕易割取上黨了。況且韓國所以要把上黨送給我國，只是企圖把戰禍轉嫁給我們。秦國打得那麼辛苦，趙國卻想坐享其利。既然強大的秦國不能從弱小的韓國得到上黨，那弱小的趙國又怎能從強大的秦國得到上黨？現在大王接受上黨，可以說有什麼緣故呢？秦國農村富庶，糧運暢通，善戰的敢死之士都有肥沃的封地，加上法令嚴格，政治清平；像這樣的國家，我們絕對不可和他們交戰。但願大王慎重考慮！」

趙孝成王勃然大怒說：「用百萬大軍攻戰，經年累月也不見一城；現在不用兵而得七十座城池，為什麼要放棄呢？」

趙豹回去後，又召見趙勝和趙禹，告訴他們說：「韓國不能守上黨。現在上黨太守把它獻給寡人，總共有七十座城池。」

趙勝等兩人都回答說：「即使用兵超過一年，也看不見一城；現在安坐而得七十城，這真是大吉大利的事。」

於是趙王就派趙勝前往上黨接受土地（西元前二六二年）。趙勝到了上黨以後，布達命令說：「我們趙國君王願意用三萬戶的大城封太守，其他縣令各封千戶，所有官吏都進爵三級，人民能和睦安居的每戶賞賜六金。」

馮亭流著淚垂著頭說：「這樣我就做了三重不義的事了。為君主守地而不能殉職，反而把土地送給他人，這是第一件不義；君主已把土地獻給秦國，我卻不肯順從，這是第二件不義；出賣君主的土地而坐享其利，這將是第三件不義。」

馮亭辭絕趙國的封地，回到韓國，向桓惠王報告說：「趙國知道韓不能守上黨，如今已派兵奪取了。」

韓王趕緊派使臣通知秦國說：「趙國已經派兵攻占上黨。」

秦昭王被撩撥得大怒，立刻派公孫起和王齮（ㄧˇ yǐ）為將，率軍跟趙國大戰於長平（西元前二六二年）。

決蹯（ㄈㄢˊ fán）全軀

辯士魏觟（ㄐㄧㄝˋ jiè）對趙國佞臣建信君說：「有一個人用繩子做個圈套，套住了一隻老虎；可是老虎凶性大作，掙斷腳蹄跑掉了。老虎並不是不愛牠的腳蹄，但是卻不願為了一寸大小的腳蹄而葬送整個七尺長的身軀；這就是權衡輕重後所採取的斷然措施。治理國家也是同樣道理。不過，國家並不僅是一隻七尺長的老虎啊！從君王的立場來看，閣下的身體，還不如老虎那一寸大小的腳蹄。希望閣下好好地打算打算。」

制媾在秦

秦、趙兩國戰於長平，趙軍戰敗，損失一名都尉（西元前二六〇年）。趙孝成王召見重臣樓昌和上卿虞卿說：「我想派敢死隊偷襲秦國，兩位有什麼意見？」

「這樣做沒什麼用，不如派大臣為使節和秦講和。」樓昌建議。

「主張講和的人，認為不講和我軍就會敗北，就好像講和的關鍵全操在秦國手中。大王認為秦國是想打垮我們呢？還是不想呢？」虞卿說。

「秦兵毫無保留地攻擊，當然想打垮我們。」孝成王說。

「懇請大王採納我的意見，派使臣攜帶珍寶去親近楚、魏；楚、魏兩國想得到大王的珍寶，必然會接納我們的使臣。趙國使臣一旦進入楚、魏，秦國一定會懷疑天下諸侯在搞

合縱，秦王必然會恐慌；這樣跟秦國的和談才能順利進行。」虞卿說。

但是趙王不採納虞卿的建議，反而派平陽君趙豹赴秦軍議和，並派遣鄭朱前往秦國交涉（西元前二六〇年）。當秦國准許鄭朱入境以後，趙孝成王才召見虞卿說：「和談已在進行了，您認為如何呢？」

「大王的和談必然無法達成，趙軍也必然覆敗。」虞卿說：「不久天下諸侯的賀勝使節都將集中在秦國了。鄭朱是趙國的貴人，如今到秦國去，秦王跟應侯（秦相范雎）必然隆重接待他，好向諸侯誇耀。這樣一來，楚、魏認為趙秦已在和談，必然不再派兵來救趙；秦國知道天下諸侯不救趙，就不會跟我們和談了。」

趙國果然不能與秦達成和議，趙軍又被打得大敗。後來趙孝成王只好親自入秦朝貢，被秦扣留，才達成和議。

王亦過矣

魏國派人到趙國（西元前二五四年），想透過平原君趙勝的遊說，和趙國締結合縱之盟。經過平原君三番兩次遊說，趙孝成王還是不樂意。當平原君退出時，遇到虞卿，叮嚀說：「如果入宮，要勸君王加入合縱之盟啊！」

虞卿入得宮來，孝成王就告訴他說：「剛剛平原君幫魏國來請求合縱，寡人根本不聽。您對這件事的看法如何？」

「魏國錯了！」虞卿回答。

「是呀！所以寡人不聽。」孝成王說。

「大王也錯了！」虞卿又說。

「什麼？」孝成王問。

虞卿說：「凡是強國和弱國打交道，強國都坐享其利，弱國都遭受其害。現在魏國來請求合縱而大王不肯參加，這就等於魏國自求其害而大王辭掉利益，所以我才說魏國錯了，而大王也錯了。」

伏事辭行

樓緩將出使他國，心裡卻藏著隱密之事。辭行時他對趙惠文王說：「我雖然竭盡才智，也許今生不能再拜見大王了！」

趙惠文王說：「這是什麼話呢？我本來就要寫封親筆信厚託賢卿去辦事哪！不用擔憂，出去會很順利的。」

樓緩說：「大王沒聽說過公子牟夷在宋國的遭遇嗎？公子牟夷本是個具有高貴身分的人；後來文張在宋國受到寵遇，中傷公子牟夷，宋國人也就信以為真。現在我跟大王的關係，還不如公子牟夷跟宋的關係，而討厭我的又遠超過文張，所以說我今生不能再拜見大王了。」

「您儘管放心去吧！我保證絕不聽信誹謗賢卿的讒言。」

樓緩於是才出使他國。不久樓緩在中牟造反，而後逃往魏國。當樓緩剛有反叛的跡象時，就有諜報人員向趙王進言；趙王卻不採信，說道：「我已經和樓緩談過這問題了。」

物傷其類

秦攻打魏國，占領了寧邑（西元前二五七年），諸侯都派使節去祝賀。趙孝成王也派使節去道賀，卻往返三次都不能見到秦王。趙孝成王為此而憂慮，對左右侍臣說：「憑秦國的強盛，占領寧邑以後就可控制齊、趙。如今天下諸侯都去賀喜，我連派使節前往，卻見不到秦王；這一定是秦王想對我用兵。該怎麼辦才好呢？」

左右侍臣說：「連續三次都見不到秦王，一定是使臣的人選不對。有一位辯士叫做諒毅，大王可以派他去試試。」

諒毅被趙王召見後，就受命前往秦國。他到了秦國，先上書給秦昭王說：「大王擴充版圖到寧邑，天下諸侯都來祝賀；敝國君王也私下為大王慶幸，不敢不表示表示，才派特

使捧著貢禮，三度到大王朝廷來，卻不能拜見大王。假如使臣沒有罪，請別拒絕受拜賀的歡樂吧！假如使臣有罪，就請大王明示。」

秦昭王派人答覆諒毅說：「我要求趙國的事，如果不論大小都能照辦，那我就收下國書和貢禮；假如不能接受我的要求，就請使者回去。」

諒毅回答說：「微臣來秦國祝賀，本就是要來稟承大王的意旨辦事的，怎麼敢有所違逆呢？只要大王有詔命下來，就會照著辦理，不敢稍有怠慢。」

於是秦昭王接見了趙國特使諒毅。

「趙豹和平原君（趙勝）屢次輕視戲弄寡人，趙王能殺這兩人就算了；假如不肯殺，寡人立刻率領諸侯聯軍兵臨邯鄲城下。」秦昭王對趙使口出狂言。

諒毅回答說：「趙豹和平原君都是我君王的同母兄弟，就像大王有葉（ㄕㄜˋ shè）陽君和涇（ㄐㄧㄥ jīng）陽君一樣。大王以孝友治國，名聞天下，遇到合身的好衣服和合口味的好食物，沒有不分給葉陽君和涇陽君享用的，葉陽君和涇陽君的車馬衣服，幾乎都跟大王的相同。我聽說：『要是傾覆了鳥巢，毀壞了鳥蛋，鳳凰就不會飛來；要是解剖了獸胎，焚燒了小獸，麒麟就不會跑來。』現在要是接受大王的命令而回報敝國，敝國君畏懼大王的聲威，絕對不敢不遵從。不過，這樣豈不是要傷了葉陽君和涇陽君的心嗎？」

「好吧！那就不許他們掌握朝政。」秦昭王說。

諒毅說：「敝國君有同母弟而不能教誨，以致得罪了大國；我將懇求敝國君王罷黜他們，不再讓他們參預政事，以便滿足大王的要求。」

秦昭王聽了很高興，便收下趙國的國書和貢禮，而且很優待諒毅。

交淺言深

說客馮忌請求晉見趙孝成王，左右侍臣替他安排了時間；但馮忌見到孝成王時，反而拱手低頭，想要說話又不敢說。孝成王問他是什麼原因，他回答說：「我曾介紹一個人去拜見服子，過後服子卻數落我說：『閣下的客人有三大錯：對著我發笑，這是輕浮；談話時不稱揚老師，這是背叛老師；交情淺短，卻和我深談，這是說話沒分寸。』我卻反駁他說：『話不能這樣說。對人發笑，可見他的態度很和藹；談話時沒稱揚老師，這是常有的現象；交情淺短而談得很深刻，這是盡心的表現。』古時堯在荒野接見舜，就坐在有桑蔭的田地上談話，等桑樹陰影轉移了，堯也就把天下交給舜；伊尹扛著鍋鼎砧（ㄓㄣ zhēn）板去遊說商湯，還沒等他成名就被任命為三公。假如交情淺短就不可以深談，堯就不會把天

下傳給舜，伊尹也得不到三公的官爵了。」

趙孝成王說：「說得很有道理。」

「我這交情淺短的外國人，想要跟大王深談，可以嗎？」馮忌接著問。

「請先生多多指教吧！」孝成王誠懇地說。

於是馮忌才開懷暢談起來。

貴而慘死

平原君趙勝對弟弟平陽君趙豹說：「魏公子牟到秦國遊覽過一陣子。當他要返回東方時，去向秦相應侯辭行。應侯對他說：『公子就要走了，難道沒什麼好指教的嗎？』魏牟回答說：『即使閣下不問我，我本來也將向閣下進一點忠言的：地位尊貴了，即使不期望財富，財富也會送來；有了財富，即使不期望美味，美味也會送來；有了美味，即使不想驕奢，驕奢也會惹身；一旦驕奢了，即使不願意慘死，慘死也難逃避。翻開歷史來看看，身遭這種慘禍的太多了。』應侯恭敬地答謝道：『公子用這些話來指點我，太厚愛了。』我很幸運聽到這些，就牢記在心裡。希望弟弟也別忘了。」

「我一定牢記住哥哥的話。」平陽君說。

郎中為冠

建信君憑著姿色貴寵於趙國。

公子魏牟路過趙國時，趙孝成王接待他。那時孝成王座位前擺一塊尺來長的絲錦，正準備叫工人製一頂王冠；那工人看到有貴客來，才暫時避開的。魏牟答禮致意後，邊走邊看著絲錦，退回到自己的座位。孝成王就向他說：「公子的大駕路過敝國，寡人才很榮幸能夠接待公子。寡人很想聽聽公子對治理天下的高見。」

「大王能夠重視國家，就像大王重視這塊絲錦一般，那大王的國家就很安泰了。」

趙王聽了很不高興，板著臉說：「先王不知道寡人不肖，使寡人繼承君位，哪敢這樣輕忽國家呢？」

「大王別生氣，請聽我仔細說明一下。」魏牟繼續說：「大王有這麼一尺好絲錦，為什麼不叫宿衛的郎中來製王冠呢？」

「郎中不懂得做王冠。」孝成王說。

魏牟說：「那有什麼關係呢？王冠做不好，對大王的國家又有什麼虧損？可是大王卻一定要等帽工，才叫他製作。現在大王聘來治理天下的工人，反而被冷凍不用，這就怪了。社稷快變成廢墟，先王的祭祀也將斷絕，大王不交給工人來修理，竟然交給姿色美好的人。況且大王的先帝，駕馭著犀首（公孫衍）和馬服君（趙奢），和秦國角逐競爭，那時秦國都能抵擋住他的鋒芒；如今大王駕著建信君到處瞎撞，想跟強秦競爭，我怕秦王就要拆散大王的車廂啦！」

買馬待工

有位外賓晉見趙孝成王說：「我聽說大王想派人去買千里馬，有這回事嗎？」

「有的。」趙孝成王回答。

「為什麼到現在還沒派遣呢？」

「還沒找到相（ㄒㄧㄤˋ xiàng）馬的專家。」孝成王回答。

「大王怎麼不派建信君呢？」外賓又問。

「建信君政務纏身，又不懂得相馬。」孝成王回答。

「大王為什麼不派紀姬去呢？」外賓又問。

「紀姬是位婦人家，更不懂得相馬。」孝成王回答。

這位外賓又問：「買馬買到好的，對國家有什麼幫助？」

「對國家沒什麼幫助。」孝成王回答。

「買馬買到壞的，對國家有什麼危害？」

「對國家也沒什麼危害。」

外賓又說：「既然買馬不管買到好的或壞的，對國家都沒什麼利害關係；可是大王卻一定要找專家才肯買。如今大王治理天下，一旦措施失當，國家就將變成廢墟，宗廟也將斷絕祭祀；可是大王卻不找治國專家，偏偏把政權交給建信君，又是什麼道理呢？」

趙孝成王還沒來得及回答，這位外賓又說：「郭偃（ㄧㄢˇ yǎn）所著的施政綱要，有所謂的『桑雍』，大王知道嗎？」

「沒聽說過。」孝成王回答。

「所謂『桑雍』，就是桑中有蠹（ㄉㄨˋ dù）蟲，被蛀得樹汁湧流，像長了膿瘡一樣。君王身邊的寵臣以及特別寵愛的夫人、侍妾、美人，這些人就像蛀蟲，都能趁著君王昏醉的時候向君王要求他們所希望的東西。這些人既然在宮廷裡為所欲為，大臣們就會在朝廷外違法亂紀，像潰爛的膿瘡一樣。所以說日月的光輝黯淡虧損，都是因為內部有了嚙（ㄋㄧㄝˋ niè）的蛀蟲；即使小心防範所憎恨的人，可是災禍卻從所愛的人身上滋生。」

癘（ㄌㄧˋ lì）人憐王

有位食客向春申君黃歇說：「商湯以亳（ㄅㄛˋ bò）為根據地，周武王以鎬（ㄏㄠˋ hào）為根據地，都不過是百里方圓，卻能王天下。現在荀子是天下的賢人，閣下卻給他蘭陵一百里地做憑藉，我認為對於閣下很不利。閣下以為如何呢？」

春申君糊里糊塗地說：「你的話很有道理。」

於是春申君就派人辭絕荀卿（西元前二五五年）。

荀卿離開楚國，就到趙國去；趙王尊他為上卿（西元前二五四年）。

有位食客又對春申君說：「古時伊尹離開夏到殷，殷就興起而夏滅亡；管仲離開魯國到齊國，魯國就削弱而齊國富強。可見賢人所在之處，國君沒有不受到尊重，國家沒有不

很快強盛的。現在荀子是天下的賢人，閣下為什麼辭絕他呢？」

春申君清醒了，謹慎地說：「我要請他回來。」

於是春申君立刻派人到趙國請荀卿（西元前二五四年）。

荀卿寫了一封信婉謝說：「『連痲瘋病人也哀憐國王。』這是一句很不恭敬的話，但是卻不可以不探究此話的深刻含意；這是針對一般被臣子殺死的國君而說的呀！年幼的君王，往往仗恃自己的才幹，卻沒有法術察知奸邪的人，於是大臣就可以專斷國政和私事，以阻止他人的誅討。廢黜年長賢明的君主而擁立昏庸弱小的，廢黜嫡生的長子而擁立不合法的，原來都是奸臣為了一己的方便哪！《春秋》一書曾警戒說：『楚王子圍，到鄭國去訪問，還沒走出境，一聽說楚王陝敖（ㄠˊ áo）生病，馬上折回去探問，卻乘機用帽帶把楚王勒（ㄌㄟ lēi）死，而自立為王（靈王）。齊國崔杼（ㄓㄨˋ zhù）夫人長得很妖豔，齊莊公和她私通，崔杼就率領家臣攻打莊公。莊公被圍困後，請求和崔杼共分齊國，崔杼不答應；莊公又請求回到祖廟裡去自殺，崔杼也不答應。莊公只好翻牆逃跑，卻被亂箭射中大腿；崔杼就把莊公殺了，另立莊公的弟弟景公繼位。』

近代所看到的：李兌在趙國專擅朝政，結果主父（趙武靈王退位後的稱號）被圍困在沙丘餓肚子，餓了一百天終於餓死了；淖齒專擅齊國朝政，抽了齊閔王的筋，然後把閔王掛在廟梁上，隔了一夜，閔王就被吊死了。

那痲瘋病人雖然滿身都腫起膿疱（ㄆㄠˋ pào），但比起古代，還不至於像被用帽帶勒死、用亂箭射腿那麼痛苦；比起近代，還不至於像被抽筋、被餓死那麼悽慘。那些被臣子殺害的君主，心神所受的憂勞和形體所受的痛苦，一定比染痲瘋病的人還要厲害。由此看來，痲瘋病人即使哀憐國王，也不算過分呀！

我曾作了這樣的一首賦：

珍寶和隨侯的明珠不知道掛佩，
王后的禮服和絲衣不知道差異。
閭姝（ㄕㄨ shū）和子奢般的美女沒人做媒，
奇醜的嫫（ㄇㄛˊ mó）母一來撒嬌就很歡喜。
以瞎子為眼明，以聾子為耳聰，
以是為非，以吉為凶。
唉！天呀！怎麼全世界都相同？

《詩》上說得好：『上天是那樣的神氣，不要惹了他，自取病痛呀！』」

奇貨可居

衛都濮（ㄆㄨˊ pú）陽人呂不韋在趙都邯鄲經商，遇見秦國人質孝文王的庶子異人，趕回家對父親說：「耕田的利潤有幾倍？」

「十倍。」他的父親回答。

「販賣珠玉的利潤有幾倍？」

「一百倍。」

「立國家的君主，利潤有幾倍？」

「沒法算。」

於是呂不韋就說：「現在我們辛苦耕田，仍然不能溫飽；如果能建立國家，扶立國

君，卻可以把利潤傳給後代子孫。秦王庶子異人在趙國做人質。困居郟（ㄐㄧㄠˇ jiǎo）城，很不得意。我想去侍奉他，可以嗎？」

呂不韋於是去見異人，說道：「你的異母兄子傒有繼承王位的資格，又有母親在宮中撐腰；現在你既沒有母親在宮中撐腰，又寄居在變化難測的敵國，一旦秦、趙兩國背棄了盟約，你將化為一堆糞土。現在你如果聽從我的計劃，設法回到你的祖國，就可以繼承王位。我替你到秦國去活動，秦國必定派人來請你回去的。」

呂不韋到了秦國，就向王后華陽夫人的弟弟陽泉君說：「閣下犯了死罪，閣下知道嗎？閣下的食客都占居高位，太子的門下反而沒有顯貴的；閣下的府庫又珍藏大量珠寶，閣下的駿馬拴滿了馬房，後宮更住滿了美女。當今君王的年紀已大，一旦崩逝，太子即位以後，那閣下的命運比那堆高的蛋還要危險，生命比那朝生暮死的蜉蝣還要短。我有一席話，閣下相機行事，不但能使閣下富貴，還能使閣下樂享天年，像泰山四面壓住一般安寧，絕對沒有危亡的憂患。」

陽泉君趕緊站起身來，請教呂不韋。不韋繼續說道：「君王的年紀已經很大了，王后沒有兒子，子傒才有繼承王位的資格，又由士倉輔佐他；君王一旦崩逝，子傒即位，士倉擅權，那麼王后的門庭必然會冷落到生蓬蒿、長野草。王子異人，是賢能的人才，被丟在趙國當人質，國內又沒有親生的母親撐腰，常常伸著脖子西望，很想能回國一趟。假如王

后能請君王立異人為太子，那麼異人本來無國的變成了有國，王后本來無子的也變成有子了。」

陽泉君聽了，頗以為然，趕緊入宮說服王后。王后亟想見見異人，就要求趙王將異人送回秦國。

趙國還沒打算放異人回去，呂不韋又去對趙王說：「異人，是秦王寵愛的王子，在朝中已沒有親生母，因此王后想認他為子。假如秦國想屠滅趙國，也不會因為顧慮到一個王子留在趙國而延緩計劃的；這樣趙國只不過是擁有一個空的抵押品罷了。假如趙國很有禮貌地送異人回國繼承王位，異人絕不會忘懷趙國施與的恩惠，一定會主動和趙國結盟。秦王已經老了，一旦死了以後，趙國即使有王子異人為抵押，也無法和秦國結盟。」

趙國接受不韋的建議，隆重地把異人送回秦國去。異人到了秦國，呂不韋叫他穿著楚國的衣服去拜見王后。王后看到他的樣子很高興，一再誇獎他的聰明。

「我也是楚國人呀！」王后笑呵呵（ㄏㄜ hē）地說，立刻認異人為子，替他改名為「子楚」。

孝文王叫子楚背誦一段經書聽聽，子楚坦率報告道：「兒從小就被送到外國當人質，沒有老師教兒讀書，所以不會背誦經書。」

秦王聽了，就不叫他背，還把他留在身邊。

後來子楚找了一個機會，向孝文王建議道：「君王以前曾經在趙國停留過，趙國豪傑都向慕君王的大名；現在君王回國了，他們都向西瞻仰巴望。君王要是不派個特使去問候他們，恐怕他們都有怨恨的心理。可要下令邊境的關口早閉晚開呀！」

孝文王認為子楚說得有道理，計謀很奇特。

王后趁機勸孝文王立子楚為太子。於是孝文王就召見相國，吩咐道：「寡人其他的兒子都不如子楚，我要立他為太子。」

子楚繼承秦國王位以後（西元前二五〇年），任命呂不韋為相國，又封為「文信侯」，以藍田十二縣的收入為俸祿；同時敬奉王后為華陽太后，通知天下諸侯都來秦國向太后獻城祝壽。

椎解連環

齊閔王被弒以後，太子法章隱姓埋名逃往莒城，在太史家中當傭工。太史敫（ㄐㄧㄠˋ jiào）的女兒覺得法章的形貌很奇特，認為不是普通人，因而萌生愛意，經常暗中多給他些衣食，不久也就私訂了終身大事。後來逃亡到莒城的齊國卿大夫們，想要立新王，就到處尋訪太子；法章終於挺身表明身分，被立為齊王。襄王即位，冊立太史氏的女兒為王后，不久生下王子建。太史敫卻對自己的女兒非常生氣，罵道：「妳沒經過媒人的撮合就出嫁，根本不是我的女兒。妳把我的一生都玷辱了！」

女兒當了王后，太史敫卻終生不和她來往。不過這位君王后很賢慧，並不因為父親不承認自己是女兒而失去人子應盡的孝道。

齊襄王死後（西元前二六五年），王子建繼立為齊王，由君王后垂簾聽政。她對秦國非常恭謹，跟其他諸侯來往也很誠信，所以齊王建即位後十多年間，沒遭到外敵的侵擾。

秦昭王曾派使臣到齊國，贈送給君王后一副玉連環，並且試探她，說道：「齊國多智謀之士，能不能解開這智慧之環呢？」

當時君王后把玉連環拿給君臣看了看，竟然沒有一個人知道解法。於是君王后當場拿起槌子，把玉連環砸碎了，向秦國使臣說：「我已經解開了。」

當君王后病重時，告訴齊王建說：「在群臣中可用的是某人。」

「請寫出來吧！」齊王建說。

「好的。」君王后說。

等左右拿來紙筆要記，君王后卻不高興地說：「老婦已忘了！」

君王后死後（西元前二四九年），田后勝出任齊國宰相。他經常接受秦國間諜的賄賂，並派很多賓客到秦國。那些賓客在秦國都改變齊王建交付的使命，並且勸齊王建去朝見秦王。從此齊國就疏於國防戰備了。

父攻子守

魏軍攻打秦國的管（西元前二四七年），沒法攻打下來。信陵君探知安陵人縮高的兒子擔任管城的軍事首長，就派人去向安陵君說：

「請閣下派遣縮高來管城，我將任用他為五大夫，派他當持節尉。」

可是安陵君卻向使者說：「安陵是個小國，不能隨意支配人民，使者可以自己去找他，我只能派嚮導領路。」

信陵君的使者來到縮高家，傳達了信陵君的命令；縮高卻說：「信陵君所以要重用我縮高，是想利用我去攻打管城。做父親的去攻打兒子所守的城，天下人會大笑的。假如做兒子的看到父親就投降，這是背叛君主的。做父親的卻教兒子背叛君主，這也不是信陵君

所喜歡的；因此我才膽敢再拜辭謝。」

使者回去復命以後，信陵君大發脾氣，又派遣特使去威脅安陵君說：「安陵的土地，也像是魏國的。假如今天我攻不下管城，那麼秦兵就會來攻打我魏國，那時國家必將陷入危險之境。希望閣下能生擒縮高交給我；假如閣下不把縮高交來，我將派十萬大軍來重修安陵城。」

安陵君卻回敬道：「我先君成侯，受襄王的詔令而守此地，當時親手接受大府的憲章；憲章的上篇說：『子殺其父，臣弒其君，依常法誅殺不赦免。國家即使實行大赦，以城投降及棄城逃亡的臣子，不在特赦之列。』現在縮高謹慎地辭掉閣下給予的重要官職，目的是為了維持父子之間的倫常關係，而閣下卻說『一定要生擒交來』，這就等於是讓我違背了襄王的詔令，並且廢棄了大府的憲章。我死也不敢做這種事。」

縮高聽到了這個消息，就跟朋友說：「信陵君的為人，強悍而剛愎自用，安陵君這一番話被傳回去，必然造成我國家的災禍。我雖然已保全了自己，卻喪失了為人臣的義理；我怎麼可以使國君遭受到魏國的侵略呢？」

縮高就到信陵君所派特使的賓館，抹脖子自殺死了。

信陵君聽到縮高自殺而死的消息，穿上白色的喪服，恭恭敬敬地為他服喪；又派使者向安陵君謝罪說：

「我魏無忌是個小人，因為在思慮上受到了挫折，以致對閣下失言；我誠懇地向閣下再拜請求原諒。」

驚弓之鳥

天下諸侯再度締結合縱之盟抵抗強秦，趙國派魏加去見楚相春申君黃歇說（西元前二四一年）：「閣下已經有帶兵的大將嗎？」

「有了，我想派臨武君為統帥。」春申君說。

「我少年時喜歡射箭，我就拿射箭來打個比方好嗎？」魏加問。

「好呀！」春申君說。

魏加說：「有一天，魏臣更羸（ㄌㄟˊ léi）和魏王坐在高臺下面仰首看飛鳥。更羸對魏王說：『我只要虛撥一下弓弦，就能夠把鳥射下來。』魏王懷疑地問：『難道射箭術能達到這樣神妙的地步嗎？』更羸說：『可以的。』過了一會兒，有一隻大雁從東方飛來，更

嬴只虛撥了一下弓弦，發出一陣嗡嗡的弦音，大雁就應聲掉下來。魏王看得傻了眼，大大讚歎道：『你的射箭術真的神妙到這種地步嗎？』更嬴說：『這隻雁有隱痛在身。』魏王問：『先生怎麼知道呢？』更嬴回答：『因為牠飛得很緩慢，叫的聲音又悲切。飛得緩慢，是因為牠的舊傷口在痛；叫得悲切，是因為牠長久離開雁群。舊傷還沒有好，驚懼的心還沒有消失，一聽到弓弦的聲音就嚇得拚命高飛，以致舊傷口破裂，才痛得掉下來。』臨武君以前曾被秦軍打垮，患有『恐秦症』，不可以派他擔任抗秦的統帥。」

良商司時

趙人希寫拜見趙國佞臣建信君，建信君對他發牢騷說：「秦相文信侯（呂不韋）對我太無禮了。當秦國派人來我們趙國做官時，我還任用他們為丞相的官屬，授予五大夫的爵位呢！文信侯對我，真可說太沒禮貌了。」

「我認為當今掌權的要員，還不如商人。」希寫說。

建信君聽了這話，勃然大怒道：「你看不起掌權的要員，反而敬重營利的商人嗎？」

「不是！不是！」希寫回答：

「一個好商人不和人討價還價，只在那裡靜待時機：物價下跌了就進貨，物價上漲了才抛售。古時周文王被囚禁在牖里，周武王也被囚禁在玉門，終能砍下紂王的頭而懸掛在

太白旗桿上，這就是靜候良機的效果。如今閣下不能在權力上和文信侯相抗，卻責備文信侯對閣下沒有禮貌，我認為不大妥當。」

少年老成

文信侯（呂不韋）很不高興。少庶子（家臣）甘羅問道：「君侯為什麼那樣不高興呢？」

「剛剛碰了壁！」呂不韋說：「我派剛成君蔡澤臣事燕國（西元前二四一年），過了三年，燕國才把太子（丹）送來秦國當人質（西元前二三九年）。剛剛我親自請張唐到燕國當宰相，他竟然不肯去。」

「我可以叫他去。」甘羅說。

「去你的！」呂不韋呵叱道：「我親自請他去他都不肯，你又怎麼能叫他去？」

「春秋時代的項橐（ㄊㄨㄛˊ tuó），七歲的時候就當孔子的老師。我現在已經十二歲了，您

應該先派我去試試看，為什麼立刻就呵叱呢？」甘羅說。

甘羅跑去見張唐，說道：「閣下的功勞比起武安君（白起）哪個大？」

「武安君戰勝敵人、攻取土地，無法計數；攻打城池、占領縣邑，無法計數，我的功勞當然比不上他。」張唐回答。

「閣下確實知道功勞不如武安君嗎？」甘羅追問。

「確實知道啊！」張唐回答。

「應侯（范雎）見用於秦，比起文信侯，哪個專權？」

「應侯不如文信侯的專權。」張唐回答。

「閣下確實知道是不如文信侯專權嗎？」

「確實知道啊！」張唐回答。

「當年應侯想攻打趙國，武安君阻擋他，結果在離首都（咸陽）七里的杜郵被絞殺。現在文信侯親自請您去當燕國宰相，您竟然敢不去，我不知道您將死在什麼地方？」甘羅急切地數落著。

「我的好少年，趕快幫老朽安排吧！我願意去燕國。」張唐趕緊拜託。

於是呂不韋就傳令準備車馬貨幣，為張唐壯行。一切處理停當（ㄉㄤˋ dàng），出發的日子也決定了，甘羅向文信侯說：「請借給我五輛兵車，讓我先到趙國，替張唐說些好話。」

於是甘羅就去見趙悼襄王。趙王聽說秦國特使來了，趕緊到郊外迎接，一看卻是個孩子，大大失望。甘羅毫不在意，昂起頭來問道：「大王聽說過燕太子丹到秦國做人質的事嗎？」

「聽到了。」趙王回答。

「大王聽說過張唐要到燕國當宰相嗎？」甘羅又問。

「聽到了。」趙王回應著。

甘羅接著說：「燕太子丹到秦國做人質，就表示燕國不敢欺騙秦國；張唐出任燕國宰相，是表明秦國不敢欺騙燕國。秦、燕兩國不相欺，就會聯手攻打趙國，到那時趙國就危險了。秦所以向燕國表示不互相欺詐，其實只為了攻打趙國，藉此來擴充河間的地盤罷了。現在大王要是割五個城給我，藉以擴大秦國河間的領土，那麼我可以請秦王把燕太子送回燕國，回頭再幫助強大的趙國去攻打衰弱的燕。」

趙王立刻為十二歲的甘羅割讓五個城池給秦國。不久秦國果然遣回燕太子，趙國便乘機發兵攻燕，占領了燕國上谷三十六縣，把其中十分之一的土地轉送給秦國。

威掩於母

秦王政想見處士頓弱（西元前二三八年）。頓弱說：「我有一個怪癖，就是見帝王時不下拜。假如大王不勉強我下拜，還可以見見，否則拒絕晉見。」

秦王接受了這個條件，頓弱才入宮晉見，說道：「大王您可知道嗎？天下有一種有實而無名的人，也有一種無實而有名的人，更有一種既無名也無實的人。」

「我不知道你說什麼？」秦王政說。

「有實而無名的人是商人，他們雖沒有下田耕耘的勞苦，卻有滿倉的糧食，這叫做『有實而無名』。無實而有名的人是農夫，他們春天在寒風中耕作，夏天在豔陽下鋤草，卻沒有積存的米糧，這叫做『無實而有名』。既無實又無名的人就是大王呀！雖然已經被立為

萬乘之尊，卻沒有孝之名；雖然擁有千里廣大領土可奉養母后，卻沒有孝之實。」頓弱慢條斯理地說。

秦王政聽得勃然大怒，正待發作，頓弱卻繼續說：「山東大國有六，大王威權不能襲取他們，卻先發作於母后，我私下認為大王太不應該了。」

「山東六國可以吞併嗎？」秦王政急著問。

「韓國是天下的咽喉，魏國是天下的胸腹。大王給我萬金去遊說，就能夠叫韓、魏兩國的將相歸順秦國，如此就等於征服了韓、魏。征服了韓、魏，就可以計劃統一天下了。」頓弱說。

「國家正在鬧經濟恐慌，怕拿不出萬金來。」秦王政說。

「天下不曾有過太平的，不是合縱就是連橫。連橫之策一旦成功，秦國就稱帝於天下；合縱之約一旦成功，楚國就稱霸於天下。秦稱帝以後，就富有天下；要是楚稱霸，大王即使擁有萬金，也不得私自享用，到時候只好充當軍費了。」頓弱說。

秦王被說動了，就撥萬金給頓弱，派他東遊韓、魏，誘惑他們的將相歸順秦國；又北遊燕、趙，把趙將李牧害死了。後來燕、趙、韓、魏四國都聽從秦的號令，連齊王建也入朝於秦；這都是頓弱遊說的成果。

無妄之禍

楚考烈王沒有兒子，宰相春申君黃歇為此而著急，徵求很多命中注定生男的女子給考烈王，還是生不出兒子。這時趙國人李園認為自己的妹妹是絕色美人，想把她獻給楚王。李園帶著妹妹來到楚國，才聽說楚王不能生子。他恐怕得不到楚王的寵信，於是先去投靠春申君，當一名食客。

過了些時候，李園向春申君請假回家，故意超過時間才回來銷假。春申君問他為什麼在家裡待那麼久，李園回答說：「齊王派人來向舍妹求婚，我和使者多喝幾杯，才耽誤了時間。」

「已經下聘了嗎？」春申君問。

「還沒。」李園說。

「可以讓我見一下舍妹嗎？」春申君動了心。

「沒問題的。」李園回答。

於是李園就把妹妹獻給春申君（西元前二四七年），很快得到春申君的寵愛。當李園知道妹妹已懷孕時，就和她設下了一套陰謀。

李園妹找個枕邊最恰當的時機向春申君說：「楚王寵信您，遠超過自己的兄弟。您當楚國宰相雖已二十幾年，但別忘了楚王還沒兒子呀！楚王駕崩後，勢必由他的兄弟即位。楚王既換了新人，必然重用自己的親人，您又怎能長久受到寵信呢？不只是這樣哪！您專權太久了，有很多地方得罪了君王的兄弟；他們如果繼立為王，那災禍就會降臨到您身上，又如何能保有相印和江東的封地呢？現在我已懷孕，人家卻不知道。我被您寵愛還不算久，假如憑您高貴的身分把我進獻給楚王，楚王必定會寵幸我的；要是我能得到上天的保佑而生個男孩，那就是您的兒子要當楚王了，楚國的封土都將成為您的。這樣子做，比起身臨不測之罪，哪一樣好呢？」

春申君認為這番話很有道理，就把李園妹送出去，讓她住在清淨的地方，然後在考烈王面前讚美李園妹的好處。楚王果然把李園妹召進宮中，而且寵幸異常。楚考烈王終於生了個男孩，馬上立為太子，李園妹也當了王后。考烈王因此而寵信李園，李園也就掌握了朝政（西元前二四七年）。

李園既然使妹妹成為王后，外甥又成為太子，深怕春申君把內幕洩漏而更加驕傲，就暗地裡養刺客，想殺死春申君來滅口。這些事，楚國人也頗有知道的。

春申君當楚國宰相的第二十五年，楚太子才十歲，考烈王卻病重不起（西元前二三八年）。這時說客趙人朱英鹵莽地跑去對春申君說：「世間有意想不到的洪福，也有意想不到的奇禍。現在閣下處在變化無常的世界，侍奉反覆無常的君主，怎麼會沒有意想不到的人出現呢？」

春申君問道：「什麼叫做意想不到的洪福呢？」

朱英說：「閣下當楚國的宰相已經二十多年，雖然名義上是相國，實際上等於楚王，而且五個兒子都當了諸侯的宰相。現在君王正生重病，早晚將死，太子又衰弱，一直臥床不起。閣下既是幼主的相國，因而攝政當國，可以像伊尹和周公一樣，等幼主長大再讓他親政；否則也可以取而代之，南面稱王，擁有楚國。這就是所謂意想不到的洪福啊！」

「什麼叫做意想不到的奇禍呢？」春申君又問。

朱英說：「那李園根本不是將相，只是楚王的大舅子；既不是帶兵的大將，卻暗地裡豢（ㄏㄨㄢˋ huàn）養刺客，由來已經很久了。君王死後，李園必定先入宮，按照預定計劃奪取政權，並冒用君王的命令殺死閣下來滅口。這就是所謂意想不到的奇禍啊！」

「什麼叫做意想不到的人呢？」春申君又問。

朱英說：「閣下先任命我為宿衛王宮的郎中，等君王死後李園進入宮中時，我就替閣下以利劍刺入他的胸膛，把他殺死。這就是所謂意想不到的人。」

春申君搖搖頭說：「先生把這件事擱下吧！不要再談了。李園的個性很懦弱，我對他又那麼好，他怎麼會那樣毒辣呢！」

朱英說了這番不被採納的話，心裡很害怕，就趕緊溜走，逃得無影無蹤。

只過了十七天，楚考烈王一死，李園果然先衝入宮中，在棘門內埋伏刺客。春申君後入宮，經過棘門時，李園的刺客從兩邊夾刺春申君，砍下他的頭，丟到棘門外，滾得遠遠的。接著李園又派人殺光了春申君的家屬。

李園的妹妹所生的兒子，也就是春申君的後裔，終於被立為新王，這就是楚幽王。

同一年，秦國的始皇帝已經在位九年，才發覺嫪毒（ㄌㄠˋ ㄞˇ lào ǎi）與太后私通。嫪毒起而叛亂，結果被夷滅三族，連相國呂不韋也被牽連而廢為平民。

說難見誅

燕、趙、吳、楚四國聯軍將要攻打秦國（西元前二三五年），秦王政召集群臣和賓客六十人討論這件事，問道：「四國組成聯合陣線，要來攻打秦國。現在我處理國內的問題已焦頭爛額，而軍隊在國外又連戰連敗，究竟該怎麼辦是好？」

群臣聽了默默無語。過了一會兒，魏國客卿姚賈才挺身說道：「我願為大王出使四國，一定可以瓦解他們的聯盟，阻止他們出兵攻秦。」

於是秦王就撥給姚賈百輛戰車，千斤黃金，讓他穿戴上自己的衣冠，掛上自己的佩劍。

姚賈辭別秦王，奔波於山東諸國，解散了合縱攻秦的謀略，還分別跟四國締結盟約而

成為秦國的友邦。姚賈回國覆命，秦王政樂得馬上封給他一千戶，任命為上卿。

韓非偏偏在這個時候來到秦國（西元前二三三年）。他為了韓國及其他諸侯的利益，沒有摸清楚情況，就在秦王跟前進讒言。韓非說：「姚賈拿著珍珠重寶，在南方吳、楚一帶活動，又到北方燕、代之間遊說，總共費了三年，秦與四國的盟約未必牢靠，而秦國府庫中的珍寶已被用光。由此可見姚賈是利用王權和國寶在國外私自結交諸侯，請大王查究查究。況且姚賈本是魏都大梁一個守門吏的兒子，曾經在魏國偷過東西，後來在趙國做官又被放逐。選用這種人和他商量國家大事，絕不是鼓勵群臣的上策。」

於是秦王政把姚賈叫來，責問道：「聽說你拿我的珍寶私自跟諸侯勾搭；有這回事嗎？」

「有呀！」姚賈答得很爽快。

「既然有，你還有什麼臉來見我？」秦王罵道。

姚賈回答道：「由於曾參孝順父母，全天下的父母都希望曾參做自己的兒子；由於伍子胥忠於君主，全天下的君主都希望伍子胥做自己的臣子；由於貞女巧於女紅（ㄍㄨㄥ gōng），全天下的丈夫都希望貞女做自己的妻子。現在姚賈忠於大王，可是大王卻不了解；既然這樣，我不去投靠四國，又能到哪裡去呢？假如我不忠於大王，那四國的君主又怎麼肯重用臣呢？以前夏桀聽信讒言而殺死良將關龍逄（ㄆㄤˊ páng），殷紂聽信讒言而殺死忠臣比干，

最後都落得身死國亡。假如大王現在也聽信讒言，就不會有忠臣了。」

「呸（ㄆㄟ pēi）！你不過是個看門卒的兒子，魏國的大盜，被趙國驅逐出境的罪臣！」秦王政數落他。

姚賈面不改色地說：「是！是！姜太公就是被老妻趕出門的齊國人，在朝歌賣肉賣到肉都發臭的屠夫，被子良驅逐出境的罪臣，後來在故里棘津想要打零工都沒人要；周文王用了他，就締造了王業。管仲不過是出身荒野的奸商，曾經在南陽投靠無門，在魯國又俯首於囚車；齊桓公用了他，就稱霸天下。百里奚不過是虞國的乞丐，曾經以五張羊皮的低價被輾轉拋售；可是秦穆公任用他為宰相，就能稱霸西戎。晉文公重用中山的盜匪，也在城濮大敗楚軍。這四位賢士，出身卑賤，身負惡名，受到天下人的歧視；但明主卻任用他們，因為知道他們能夠建立豐功偉業呀！他們要是像卞隨、務光、申屠狄這些隱士一樣躲起來，那麼人君又怎麼能任用他們呢？由此可見，英明的君王不計較臣子出身的微賤，也不計較他們以前的罪過，只考察他們是否能夠為己效命。凡是能夠開創國家不朽基業的君王，即使有外來的讒言，也不會採信；即使有響遍天下的名聲，沒有功勞也不賞他。能夠如此，群臣就不敢對大王有不合理的要求了。」

秦王聽了，轉嗔（ㄔㄣ chēn）為喜，說道：「確實如此。」

於是秦王再度重用姚賈，口吃（ㄐㄧˊ jí）的韓非不久就被殺了。

圖窮匕見

燕太子丹在秦國當人質，卻逃回燕國（西元前二三二年）。眼見秦將吞滅六國，軍隊已經攻打到易水，恐怕亡國慘禍就要降臨；太子丹為此而憂心如焚，剛踏進國門，就對自己的太傅鞠武說：「燕、秦勢不兩立，希望太傅能設計一套辦法！」

鞠武回答說：「秦國的土地遍天下，如果威脅韓、趙、魏三國，燕國易水以北就不得安寧了。為什麼念念不忘被凌辱的小怨恨，想冒極大的危險去觸擊秦王的逆鱗呢？」

「既然這樣，怎麼才能避免秦禍呢？」太子丹問。

「請太子進去休息吧！讓我來想想。」太傅說。

過了一段時間，秦國的樊於（ㄨ wū）期將軍逃亡到燕國來，太子丹收容了他。太傅

鞠武諫諍道：「不能這樣！那秦王政暴虐無道，早就怨恨燕國，已夠令人恐懼心顫，又何況知道樊將軍在燕國被收留呢！這就是所謂把肉擺在餓虎必經的路上，燕國的禍患必定無法拯救了，即使管仲、晏嬰再世，也會束手無策的。希望太子趕緊把樊將軍遣送到匈奴去，以杜絕秦國攻燕的藉口；然後跟西方的韓、趙、魏三國訂約，跟南方的齊、楚結盟，跟北面的單于締交，這樣才有一點希望。」

太子丹說：「太傅的計劃，要費很多時日。我內心已昏亂如麻，不知道您的計劃好不好。不過，恐怕災禍很快就會降臨，一刻都不能再等了。而且還不只這些哪！那樊將軍因為走投無路才來投靠我，我絕不會因為強秦的脅迫，就把我可憐的朋友趕到匈奴，我寧肯因此而結束我的生命；但願太傅再另謀他計吧！」

鞠武說：「燕都薊丘有位田光先生，他的智略勇氣深沉，太子可以和他密商。」

「希望透過太傅的介紹，和田先生結交，可以嗎？」太子說。

「那當然！」鞠武回答。

鞠武就去拜訪田光，描述太子的心境，然後說：「太子想跟先生商量國事。」

「恭敬不如遵命！」田光說。

於是鞠武就陪田光去拜見太子。太子跪著迎接他，側著身倒退引路，又跪著替田光拂拭坐席。等田光先生坐好了，左右一個人都沒有了，太子才避開自己的席位，畢恭畢敬地

趨向田光請教道：「燕與秦勢不兩立，希望先生多多留意！」

田光說：「我聽說騏驥（ㄑㄧˊ ㄐㄧˋ qí jì）在壯盛的時候，一天能奔馳千里；等到衰老的時候，劣馬都跑得比牠快。如今太子所聽到的是壯盛時的田光，卻不知道我的精力已消失了。雖然如此，田光不敢因此而忽略國事。我有位好友叫荊軻的，可供任使。」

「希望透過先生的介紹，和荊軻結交，可以嗎？」太子說。

「那當然。」田光回答。

田光馬上站起來快步走出去。太子丹一直送到門口，叮嚀道：「我報告的，以及先生所談的，都是國家最高機密的大事，請先生別洩漏了。」

「好的！」田光低著頭笑笑說。

於是田光彎腰曲背地去找荊軻說：「我田光和你是好朋友，燕國沒有人不知道。如今太子聽到我壯盛時的能耐，卻不知道我的形體已經不及當年，還幸蒙指示說：『燕、秦勢不兩立，希望先生多多留意。』我田光私下不把你當外人，就把你推薦給太子。希望足下前往宮中見見太子。」

「遵命！」荊軻說。

田光又說：「我聽說長者的行為，不使人懷疑。現今太子卻叮嚀我說：『所談的是國家最高機密的大事，請先生別洩漏了。』這就證明太子懷疑我了！一個人做事卻叫人懷

疑，就不是有氣節的俠義之士。」

田光想用自殺來激勵荊軻，繼續說道：「希望足下趕快去拜見太子，就說我田光已經死了，藉此表明我不會洩漏國家機密。」

田光說完話，就自刎而死。

荊軻於是去見太子，報告田光已死，並傳達田光不會洩漏機密的遺言。太子丹一聽這話，就再拜下跪，一邊跪著走一邊流著淚；哽咽了一會兒，斷斷續續地說：「丹所以請求田先生不要講出去，是想完成大事。如今田先生竟以死來證明不會洩漏機密，這怎麼是我的本意呢！」

荊軻坐定以後，太子避開自己的席位，向荊軻磕頭說：「田先生不知道我無能，才讓我能在先生跟前討教，這是上天所以哀憐燕國，不遺棄孤立無援的我呀！現在的秦王心如虎狼，慾望永遠不能滿足；除非占盡全天下的土地，征服全天下的諸侯，他絕不會停止侵略的。如今秦國已俘虜韓王（西元前二三〇年），吞併韓國全部土地；又派兵往南方攻打楚國，往北方逼臨趙國。秦將王翦率領數十萬大軍進逼漳水、鄴城，李信更出兵趙國的太原和雲中等地；趙國一旦支持不住，就會投降秦國。趙投降秦國後，大禍就要降臨燕國了。燕國弱小，以前屢次為秦軍所困，現在即使全國總動員，也不足以抵擋秦國；何況天下諸侯已屈服於秦國的兵威，不敢出面組織合縱聯盟了。

我私下有一個計劃，我認為要是能得到天下傑出的勇士，派他出使秦國，用重利引誘秦王；秦王貪圖禮物，必然能達成我的願望了。要是能劫持秦王，迫他退還所侵占的諸侯土地，像曹沫劫持齊桓公一樣，那是最好不過的。假如不能如此，那麼當場就把秦王殺掉；這樣一來，那些秦國大將在外專擅兵權，而大臣在國內爭權奪利，秦國君臣就會互相猜疑；我燕國乘機聯合天下諸侯而重組合縱之盟，必然能夠達成我擊敗秦國的心願。這是我最大的心願，卻不知道如何來效命，希望荊卿多多留意。」

沉吟了良久，荊軻才說：「這是國家的大事，我庸碌無能，恐怕不能勝任。」

太子丹向前磕頭，力請不要推辭。荊軻終於勉強答應下來。

於是太子丹就尊荊卿為上卿，安置在上等的賓館住。太子每天都來請安，供奉最好的豬羊牛肉和珍奇的寶物，間或奉上車馬美女，任隨荊軻所欲，極力討荊軻的歡心。過了很久，荊軻還沒有出發的意思。秦將王翦已經攻破趙國，俘虜趙王，吞併趙國領土（西元前二二八年）；更繼續揮軍北侵，到達燕國南面的境界。太子丹更加恐懼，就向荊卿請求說：「秦兵早晚就要渡過易水，那麼即使想長期侍奉足下，又怎麼可能呢？」

荊卿說：「不等太子來提起，我也希望去謁見秦王了。但是現在去而沒有值得秦王信任的東西，也沒辦法接近秦王的。如今那樊將軍，秦王懸賞千斤賞金和萬戶封邑，如果能夠割下樊將軍的腦袋，加上燕國督亢的地圖，拿去進獻給秦王，秦王一定會欣然接見我，

我才能報答太子的重託。」

太子說：「樊將軍窮途末路才投奔我，我不忍心為了一己的私利而做出這種不夠朋友的事。希望足下再想其他的辦法吧！」

荊軻知道太子不忍心，於是就私自去見樊將軍說：「秦王對待將軍可說是太過分了，父母宗族都被屠殺。現在聽說已懸賞千斤黃金和萬戶封邑購買將軍的頭；將軍將怎麼辦呢？」

樊將軍仰天長聲嘆息，流著淚說：「我每當想到這些事，常常痛徹骨髓，只是不知道怎麼辦才好！」

荊軻說：「現在有一句話，可以解除燕國的禍患，又可以報將軍的血海深仇。不知將軍意下如何？」

「怎麼做法呢？」樊於期趨前探問。

「希望得到將軍的頭，拿去獻給秦王，秦王必然高興得要親自接見我；我就左手抓住他的袖子，右手把劍刺進他的胸膛。如此就報了將軍的仇恨，而燕國被欺凌的恥辱也洗雪了。」荊軻停頓一會兒，又說：「將軍難道有意嗎？」

樊於期拉開衣領，露出脖子，緊握著手腕，神色蕭索地說：「這是我日夜咬牙切齒苦心積慮所想的事，如今才得到閣下的提示！」

樊於期說完話，當場自殺而死（西元前二二八年）。太子丹知道以後，趕往撫屍痛哭，哭得很悲慟。既然已是無可挽救，就割下樊於期的頭，裝進木匣子裡封起來。

早先太子就預先探求天下最銳利的匕（ㄅㄧˇ bǐ）首，找到趙人徐夫人的匕首，以百金之價買下，再叫工人用毒藥淬染它；拿這把匕首來試人，只要流出一點血，人沒有不立刻死的。這時太子丹終於請出匕首，由荊卿親自謹慎地捲進督亢圖內。

太子丹興奮地為荊卿趕辦行裝，準備立刻派遣他出使秦國。

燕國有位勇士叫秦武陽，十三歲時殺過人，人都不敢橫眼看他。太子丹很賞識他，決定派他為副使。

荊軻並不急著出發，他在等一個人，準備跟那個人一起去秦國。那個人住得太遠，一直還沒來到；荊軻為他而逗留，老是不肯動身。

過了很久，荊軻還是沒動身出發。太子嫌他太慢了，懷疑他改變了主意，於是再度請求荊軻說：「日子已經不多了，荊卿難道沒意思嗎？我就先派秦武陽走吧！」

荊軻勃然憤怒，大聲呵責太子說：「今日，如果有去無回，豈不變成無知的豎（ㄕㄨˋ shù）子？如今要提一把匕首，深入不可測的強秦，我所以逗留不走，是為了等待一位壯士。現在太子既然嫌遲，那我就決定出發了！」

荊軻即刻出發（西元前二二八年）。太子及賓客知道這件事的，都穿戴白色的喪服為

荊軻送行。來到易水邊頭，祭罷路神，荊軻終於踏上征途。送行的人不忍遽別，再相送一程。荊軻的好友高漸離邊走邊擊筑（ㄓㄨˊ zhú）（弦樂器，以竹擊弦），荊軻和（ㄏㄜˋ hè）著歌唱，唱的是蒼涼的變徵（ㄓˇ zhǐ）聲調，唱得送行的人們都垂淚涕泣；再向前走，荊軻又唱道：

風蕭蕭兮易水寒，
壯士一去兮不復還！

接著荊軻又唱起慷慨激昂的悲壯羽聲，送行的人聽得眼珠鼓起，怒髮都上衝冠帽。於是荊軻上車走了，終不回顧一眼。

到了秦都咸陽，荊軻先用一千斤黃金的重禮賄賂秦王寵臣中庶子蒙嘉。蒙嘉向秦王政奏報說：「燕王實在震懼於大王的威嚴，不敢起兵抗拒大王，情願全國為秦的內臣，比照諸侯的地位，如郡縣般進貢服役，只求能奉守先王的宗廟。燕王恐懼過度，不敢親自來陳情，特別砍下樊於期的頭，並且獻上燕國督亢地圖，用木匣封好；燕王又親自拜送於朝廷，才派使者來晉見大王。如今正等待大王的命令。」

秦王政聽了非常高興，就穿上朝服，隆重地擺設迎上賓的禮儀，在咸陽宮接見燕使者

（西元前二二七年）。

荊軻捧著盛樊於期頭顱的木匣，秦武陽捧著裝地圖的木匣，依次走進咸陽宮。到了宮殿的臺階，秦武陽突然臉色變白，手腳抖顫，群臣見了都覺得奇怪。荊軻回頭向秦武陽笑一笑，再向前跪拜，替秦武陽謝罪說：「北方蠻夷的粗人，沒見過天子宮殿的威嚴，所以緊張恐懼。懇請大王稍微寬容他，讓他在大王面前完成使命。」

秦王政對荊軻說：「起來，拿出武陽所持的地圖。」

荊軻拿出地圖卷軸，捧著獻給秦王。秦王一副志得意滿的樣子，安閒地坐著，就荊軻的手中拉開地圖來看，一寸一寸拉開，很快地，圖盡而露出匕首。荊軻左手拉住秦王衣袖，右手抓緊匕首猛刺，卻沒刺中身體。秦王大驚，仰身後退爬起來，衣袖被拉斷了。秦王趕緊拔劍，劍太長，一時恐懼緊張，劍鞘（ㄑㄧㄠˋ qiào）又緊，不能立刻拔出，只握著劍鞘。荊軻追殺秦王，秦王繞著殿柱跑。群臣都嚇呆了；事情倉猝（ㄘㄨˋ cù）發生，出乎意料之外，所以都不知道該怎麼辦？按秦國法令，群臣侍立殿上的，不得佩帶任何兵器；而負責帶武器守衛的郎中又都站在臺階下，沒有秦王親口詔令，不能上殿。正當情況緊急，秦王也來不及召殿下的兵，荊軻因此才能追逐秦王。秦王在猝然間惶恐萬分，沒有東西反擊荊軻，竟然赤手和他搏鬥。這時御醫夏無且（ㄐㄩ jū）用他所拿的藥囊擲荊軻。秦王還是繞著殿柱跑，倉皇失措，不知怎麼辦？這時左右侍臣才高喊：「大王背（ㄅㄟ bēi）劍！大王

背劍！」

秦王把劍鞘推到背（ㄅㄟˋ bèi）後，終於拔出劍來反擊荊軻，一劍砍斷荊軻的左腿。荊軻負傷倒地，就用匕首投擲秦王，沒刺中，中在殿柱上。秦王再度砍擊荊軻，狠狠砍了八下。荊軻自知事情已經失敗，靠著殿柱盤腳而坐，淒厲地狂笑幾聲，高聲罵道：「事情所以不能成功，是因為要生擒你，脅迫你訂下歸還侵地的契約，藉以報答燕太子！」

左右侍臣趨前殺死荊軻後，秦王的眼睛還暈眩了好久。

過後秦王論功行賞群臣，應該加以處罰的也各有差等。秦王賞賜夏無且黃金六千兩，特加表揚說：「無且愛我，曾用藥囊擲荊軻。」

於是秦王對燕國更加憤怒，立刻增派部隊到趙國，下令王翦率領全軍討伐燕國，結果十月就攻下燕都薊城（西元前二二六年）。燕王喜和太子丹等文武朝臣，率領精兵退保遼東。秦將李信率軍追擊燕王；燕王採納代王嘉的計策，殺死太子丹，準備獻給秦王，可是秦兵還是猛攻不停。五年後秦軍終於覆滅燕國，俘虜了燕王喜（西元前二二二年）。明年，齊王建入朝於秦而餓死，秦國終於統一了天下（西元前二二一年）。

後來軻荊的朋友高漸離，以擅長於擊筑，被秦始皇召見；雖因身分暴露而被弄瞎雙眼，仍隱忍偷生，以重鉛置筑中，等機會為燕報仇。在一次精采的演奏會裡，高漸離突然舉起筑撲擊近身的秦始皇，可惜沒打中而被殺害了。

布衣之怒

秦始皇派使者來向安陵君說（西元前二二五年）：「我願意拿五百里的土地來交換安陵，安陵君可要答應我！」

安陵君卻答覆道：「承蒙大王恩賜，要拿大地方換小地方，太好了；不過，安陵這地方是繼承自先王的國土，我希望能永遠守住它，不敢和人交換！」

秦始皇為此很不高興，安陵君便派唐且（又一唐且，與前述不同人）到秦國去交涉。

秦始皇對唐且說：「我要拿五百里的土地和安陵交換，安陵君不順從我，究竟什麼意思？秦國把韓魏兩國都滅了，安陵君僅憑五十里的彈丸之地還能存在，只是因為安陵君是一位忠厚老成的長者，我才對他不留意。現在我拿十倍的土地，想增廣安陵君的版圖，安

陵君卻違逆我的旨意；難道是輕視我嗎？」

「不！不是這樣的。」唐且回答道：「安陵君從先王手中繼承了國土，只想守住它，就是有千里土地也不敢交換呀，何況是五百里呢？」

秦王怒氣沖沖，對唐且說：「先生也曾聽說過天子的發怒嗎？」

「我不曾聽說過。」唐且鎮定地回答。

「天子一旦發怒，殺倒的死屍有百萬之多，流出的鮮血有千里之長。」秦始皇厲聲說。

唐且從容問道：「大王曾聽說過布衣平民的發怒嗎？」

「哼！平民的發怒，也不過是摘下帽子，赤著腳，用頭撞地罷了。」秦始皇嘲笑著。

「那是平凡漢子的發怒，並非志士發怒。」唐且激昂地說：「從前專諸刺吳王僚的時候，掃帚星襲擊月亮；聶政刺韓傀的時候，白氣上貫太陽；要離刺慶忌的時候，老鷹在殿上撲擊。這三個人，都是平民的志士，滿懷怒氣不得宣洩，以致感應上天，降下徵兆；現在加上我，將要成為四個了。這種志士一旦發怒，死屍只有兩個，流血只有五步，但是天下人都要穿白掛孝。今天正是時候！」

於是唐且便拔劍而起。

秦王嚇得臉色蒼白，挺起腰跪著向唐且道歉說：「先生請坐！何至於這樣發怒！我已

經明白了。」

韓魏兩國都被滅亡，而只有五十里土地的安陵卻能安然無恙，正因為有唐且先生呀！

附錄 原典精選

東周策：不是客人

溫人之周，周不納。問曰：「客耶？」客即對曰：「主人也。」問其巷而不知也，吏因囚之。君使人問之曰：「子非周人，而自謂非客何也？」對曰：「臣少而誦《詩》，《詩》曰：『普天之下，莫非王土；率土之濱，莫非王臣。』今周君天下，則我天子之臣，而又為客哉？故曰主人。」君乃使吏出之。

西周策：一發不中

蘇厲謂周君曰：「敗韓、魏、殺犀武，攻趙，取藺、離石、祁者，皆白起。是攻用兵，又有天命也。今攻梁，梁必破，破則周危，君不若止之。謂白起曰：『楚有養由基者，善射；去柳葉者百步而射之，百發百中。左右皆曰善。有一人過曰，善射，可教射也矣。養由基曰：「人皆曰善，子乃曰可教射，子何不代我射之也。」客曰：「我不能教子支左屈右。夫射柳葉者，百發百中，而不已善息，少焉氣力倦，弓撥失鉤，一發不中，前功盡矣。」今公破韓、魏，殺犀武，而北攻趙，取藺、離石、祁者，公也。公之功甚多。

今公又以秦兵出塞，過兩周，踐韓而以攻梁，一攻而不得，前功盡滅，公不若稱病不出也。』」

秦策一：志存富貴

蘇秦始將連橫說秦惠王曰：「大王之國，西有巴、蜀、漢中之利，北有胡貉（ㄏㄜˊ hé）、代馬之用，南有巫山、黔中之限，東有肴、函之固。田肥美，民殷富，戰車萬乘，奮擊百萬，沃野千里，蓄積饒多，地勢形便，此所謂天府，天下之雄國也。以大王之賢，士民之眾，車騎之用，兵法之教，可以并諸侯，吞天下，稱帝而治。願大王少留意，臣請奏其效。」

秦王曰：「寡人聞之，毛羽不豐滿者不可以高飛，文章不成者不可以誅罰，道德不厚者不可以使民，政教不順者不可以煩大臣。今先生儼然不遠千里而庭教之，願以異日。」

蘇秦曰：「臣固疑大王之不能用也。昔者神農伐補遂，黃帝伐涿鹿而禽蚩（ㄔ chī）尤，堯伐驩兜，舜伐三苗，禹伐共工，湯伐有夏，文王伐崇，武王伐紂，齊桓任戰而伯（ㄅㄚˋ bà）天下。由此觀之，惡（ㄨ wū）有不戰者乎？古者使車轂（ㄍㄨˇ gǔ）擊馳，言語相結，天下為一；約從（ㄗㄨㄥˋ zòng）連橫，兵革不藏；文士並飭，諸侯亂惑；萬端俱起，不可

勝理；科條既備，民多偽態；書策稠濁，百姓不足；上下相愁，民無所聊；明言章理，兵甲愈起；辯言偉服，戰攻不息；繁稱文辭，天下不治；舌弊耳聾，不見成功；行義約信，天下不親。於是，乃廢文任武，厚養死士，綴甲厲兵，效勝於戰場。夫徒處而致利，安坐而廣地，雖古五帝、三王、五伯（ㄅㄚˋ bà），明主賢君，常欲坐而致之，其勢不能，故以戰續之。寬則兩軍相攻，迫則杖戟相撞，然後可建大功。是故兵勝於外，義強於內；威立於上，民服於下。今欲并天下，凌萬乘，詘（ㄑㄩ qū）敵國，制海內，子元元，臣諸侯，非兵不可！今之嗣主，忽於至道，皆惛（ㄏㄨㄣ hūn）於教，亂於治，迷於言，惑於語，沉於辯，溺於辭。以此論之，王固不能行也。」

說秦王書十上而說不行。黑貂之裘弊，黃金百斤盡，資用乏絕，去秦而歸。羸（ㄌㄟˊ léi）縢（ㄊㄥˊ téng）履蹻（ㄐㄩㄝˊ jué），負書擔橐（ㄊㄨㄛˊ tuó），形容枯槁，面目黧黑，狀有愧色。歸至家，妻不下紝（ㄖㄣˋ rèn），嫂不為炊，父母不與言。蘇秦喟（ㄎㄨㄟˋ kuì）嘆曰：「妻不以我為夫，嫂不以我為叔，父母不以我為子，是皆秦之罪也。」乃夜發書，陳篋（ㄑㄧㄝˋ qiè）數十，得《太公陰符》之謀，伏而誦之，簡練以為揣摩。讀書欲睡，引錐自刺其股，血流至足。曰：「安有說人主不能出其金玉錦繡，取卿相之尊者乎？」期年揣摩成，曰：「此真可以說當世之君矣！」

於是乃摩〈燕烏〉、〈集闕〉，見說趙王於華屋之下，抵掌而談。趙王大悅，封為武

安君。受相印，革車百乘，綿繡千純，白璧百雙，黃金萬鎰，以隨其後，約從散橫，以抑強秦。故蘇秦相於趙而關不通。當此之時，天下之大，萬民之眾，王侯之威，謀臣之權，皆欲決於蘇秦之策。不費斗糧，未煩一兵，未戰一士，未絕一紘，未折一矢，諸侯相親，賢於兄弟。夫賢人在而天下服，一人用而天下從。故曰：式於政，不式於勇；式於廊廟之內，不式於四境之外。當秦之隆，黃金萬鎰為用，轉轂連騎，炫熿（ㄏㄨㄤˇ huǎng）於道，山東之國，從風而服，使趙大重。且夫蘇秦特窮巷掘門、桑戶棬（ㄑㄩㄢ quān）樞之士耳，伏軾撙（ㄗㄨㄣˇ zǔn）銜，橫歷天下，廷說諸侯之王，杜左右之口，天下莫之能伉（ㄎㄤˋ kàng）。

將說楚王，路過洛陽，父母聞之，清宮除道，張樂設飲，郊迎三十里。妻側目而視，傾耳而聽；嫂蛇（ㄕㄜˊ shé）行匍匐（ㄆㄨˊ ㄈㄨˊ pú fú），四拜自跪而謝。蘇秦曰：「嫂，何前倨（ㄐㄩˋ jù）而後卑也？」嫂曰：「以季子之位尊而多金。」蘇秦曰：「嗟乎！貧窮則父母不子，富貴則親戚畏懼。人生世上，勢位富貴，蓋（ㄏㄜˊ hé）可忽乎哉！」

秦策一：豺狼逐羊

司馬錯與張儀爭論於秦惠王前。司馬錯欲伐蜀，張儀曰：「不如伐韓。」王曰：「請聞其說。」

對曰：「親魏善楚，下兵三川，塞轘轅、緱氏之口，當屯留之道，魏絕南陽，楚臨南鄭，秦攻新城、宜陽，以臨二周之郊，誅周主之罪，侵楚、魏之地。周自知不救，九鼎寶器必出。據九鼎，按圖籍，挾天子以令天下，天下莫敢不聽，此王業也。今夫蜀，西辟之國，而戎狄之長也，弊兵勞眾不足以成名，得其地不足以為利。臣聞：『爭名者於朝，爭利者於市。』今三川、周室，天下之市朝也，而王不爭焉，顧爭於戎狄，去王業遠矣。」

司馬錯曰：「不然。臣聞之，欲富國者，務廣其地；欲強兵者，務富其民；欲王者，務博其德。三資者備，而王隨之矣。今王之地小民貧，故臣願從事於易。夫蜀，西辟之國也，而戎狄之長也，而有桀、紂之亂。以秦攻之，譬如使豺狼逐群羊也。取其地，足以廣國也；得其財，足以富民；繕（ㄕㄢˋ shàn）兵不傷眾，而彼已服矣。故拔一國，而天下不以為暴；利盡西海，諸侯不以為貪。是我一舉而名實兩附，而又有禁暴正亂之名。今攻韓劫天子，劫天子，惡名也，而未必利也，又有不義之名，而攻天下之所不欲，危！臣請謁其故：周，天下之宗室也；齊，韓、周之與國也。周自知失九鼎，韓自知亡三川，則必將二國并力合謀，以因於齊、趙，而求解乎楚、魏。以鼎與楚，以地與魏，王不能禁。此臣所謂危，不如伐蜀之完也。」惠王曰：「善！寡人聽子。」

卒起兵伐蜀，十月取之，遂定蜀。蜀主更號為侯，而使陳莊相蜀。蜀既屬，秦益強富厚，輕諸侯。

齊策一：美於徐公

鄒忌脩八尺有餘，身體昳（ㄧˋ yì）麗。朝服衣冠窺鏡，謂其妻曰：「我孰與城北徐公美？」其妻曰：「君美甚，徐公何能及也！」城北徐公，齊國之美麗者也。忌不自信，而復問其妾曰：「吾孰與徐公美？」妾曰：「徐公何能及君也！」旦日客從外來，與坐談，問之客曰：「吾與徐公孰美？」客曰：「徐公不若君之美也！」

明日，徐公來。孰視之，自以為不如；窺鏡而自視，又弗如遠甚。暮，寢而思之曰：「吾妻之美我者，私我也；妾之美我者，畏我也；客之美我者，欲有求於我也。」

於是入朝見威王曰：「臣誠知不如徐公美，臣之妻私臣，臣之妾畏臣，臣之客欲有求於臣，皆以美於徐公。今齊地方千里，百二十城，宮婦左右，莫不私王；朝廷之臣，莫不畏王；四境之內，莫不有求於王。由此觀之，王之蔽甚矣！」王曰：「善。」乃下令：「群臣吏民，能面刺寡人之過者，受上賞；上書諫寡人者，受中賞；能謗議於市朝，聞寡人之耳者，受下賞。」

令初下，群臣進諫，門庭若市。數月之後，時時而間進。期（ㄐㄧ jī）年之後，雖欲言，無可進者。燕、韓、魏聞之，皆朝於齊。此所謂戰勝於朝廷。

齊策二：畫蛇添足

昭陽為楚伐魏，覆軍殺將得八城，移兵而攻齊。陳軫為齊王使，見昭陽，再拜賀戰勝，起而問：「楚之法，覆軍殺將，其官爵何也？」昭陽曰：「官為上柱國，爵為上執珪。」陳軫曰：「異貴於此者何也？」曰：「唯令尹耳。」陳軫曰：「令尹貴矣！王非置兩令尹也，臣竊為公譬可也。楚有祠者，賜其舍人巵（ㄓ zhī）酒。舍人相謂曰：『數人飲之不足，一人飲之有餘。請畫地為蛇，先成者飲酒。』一人蛇先成，引酒且飲之，乃左手持巵，右手畫蛇。曰：『吾能為之足。』未成，一人之蛇成，奪其巵曰：『蛇固無足，子安能為之足。』遂飲其酒。為蛇足者，終亡其酒。今君相楚而攻魏，破軍殺將得八城，不弱兵，欲攻齊，齊畏公甚，公以是為名亦足矣，官之上非可重也。戰無不勝而不知止者，身且死，爵且後歸，猶為蛇足也。」昭陽以為然，解軍而去。

齊策四：市義營窟

齊人有馮諼者，貧乏不能自存，使人屬孟嘗君，願寄食門下。孟嘗君曰：「客何好？」

曰：「客無好也。」曰：「客何能？」曰：「客無能也。」孟嘗君笑而受之曰：「諾。」左右以君賤之也，食（ㄙˋ sì）以草具。

居有頃，倚柱彈其劍，歌曰：「長鋏（ㄐㄧㄚˊ jiá）歸來乎！食無魚。」左右以告。孟嘗君曰：「食之，比門下之客。」居有頃，復彈其鋏，歌曰：「長鋏歸來乎！出無車。」左右皆笑之，以告。孟嘗君曰：「為之駕，比門下之車客。」於是乘其車，揭其劍，過其友曰：「孟嘗君客我。」後有頃，復彈其劍鋏，歌曰：「長鋏歸來乎！無以為家。」左右惡（ㄨˋ wù）之，以為貪而不知足。孟嘗君問：「馮公有親乎？」對曰：「有老母。」孟嘗君使人給其食用，無使乏。於是馮諼不復歌。

後孟嘗君出記，問門下諸客：「誰習計會（ㄎㄨㄞˋ kuài），能為文收責（ㄓㄞˋ zhài）於薛者乎？」馮諼署曰：「能。」孟嘗君怪之，曰：「此誰也？」左右曰：「乃歌夫長鋏歸來者也。」孟嘗君笑曰：「客果有能也，吾負之，未嘗見也。」請而見之，謝曰：「文倦於事，憒（ㄎㄨㄟˋ kuì）於憂，而性懧（ㄋㄨㄛˋ nuò）愚，沉於國家之事，開罪於先生。先生不羞，乃有意欲為收責於薛乎？」馮諼曰：「願之。」於是約車治裝，載券契而行，辭曰：「責畢收，以何市而反？」孟嘗君曰：「視吾家所寡有者。」

驅而之薛，使吏召諸民當償者，悉來合券。券遍合，起矯命以責賜諸民，因燒其券，民稱萬歲。

長驅到齊，晨而求見。孟嘗君怪其疾也，衣冠而見之，曰：「責畢收乎？來何疾也！」曰：「收畢矣。」「以何市而反？」馮諼曰：「君云『視吾家所寡有者』。臣竊計，君宮中積珍寶，狗馬實外廄（ㄐㄧㄡˋ jiù），美人充下陳。君家所寡有者以義耳！竊以為君市義。」孟嘗君曰：「市義奈何？」曰：「今君有區區之薛，不拊（ㄈㄨˇ fǔ）愛子其民，因而賈利之。臣竊矯君命，以責賜諸民，因燒其券，民稱萬歲。乃臣所以為君市義也。」孟嘗君不說，曰：「諾，先生休矣！」

後期年，齊王謂孟嘗君曰：「寡人不敢以先王之臣為臣。」孟嘗君就國於薛，未至百里，民扶老攜幼，迎君道中。孟嘗君顧謂馮諼：「先生所為文市義者，乃今日見之。」馮諼曰：「狡兔有三窟，僅得免其死耳。今君有一窟，未得高枕而臥也。請為君復鑿二窟。」孟嘗君予車五十乘，金五百斤，西遊於梁，謂惠王曰：「齊放其大臣孟嘗君於諸侯，諸侯先迎之者，富而兵強。」於是，梁王虛上位，以故相為上將軍，遣使者，黃金千斤，車百乘，往聘孟嘗君。馮諼先驅誡孟嘗君曰：「千金，重幣也；百乘，顯使也。齊其聞之矣。」梁使三反，孟嘗君固辭不往也。齊王聞之，君臣恐懼，遣太傅齎（ㄐㄧ jī）黃金千斤，文車二駟，服劍一，封書謝孟嘗君曰：「寡人不祥，被於宗廟之祟，沉於諂諛之臣，開罪於君，寡人不足為也。願君顧先王之宗廟，姑反國統萬人乎？」馮諼誡孟嘗君曰：「願請先王之祭器，立宗廟於薛。」廟成，還報孟嘗君曰：「三窟已就，君姑高枕為

樂矣。」

孟嘗君為相數十年，無纖介之禍者，馮諼之計也。

齊策四：王不好人

孟嘗君為從。公孫弘謂孟嘗君曰：「君不如使人先觀秦王。意者秦王帝王之主也，君恐不得為臣，奚暇從以難之？意者秦王不肖之主也，君從以難之，未晚。」孟嘗君曰：「善，願因請公往矣。」

公孫弘敬諾，以車十乘（ㄕㄥˋ shèng）之秦。昭王聞之，而欲媿（ㄎㄨㄟˋ kuì）之以辭。公孫弘見，昭王曰：「薛公之地，大小幾何？」公孫弘對曰：「百里。」昭王笑而曰：「寡人地數千里，猶未敢以有難也。今孟嘗君之地方百里，而因欲難寡人，猶可乎？」公孫弘對曰：「孟嘗君好（ㄏㄠˋ hào）人，大王不好人。」昭王曰：「孟嘗君之好人也，奚如？」公孫弘曰：「義不臣乎天子，不友乎諸侯，得志不慚為人主，不得志不肯為人臣，如此者三人；而治可為管、商之師，說義聽行，能致其主霸王，如此者五人；萬乘之嚴主也，辱其使者，退而自刎，必以其血洿其衣，如臣者十人。」昭王笑而謝之，曰：「客胡為若此，寡人直與客論耳！寡人善孟嘗君，欲客之必諭寡人之志也！」公孫弘曰：「敬諾。」

公孫弘可謂不侵矣。昭王，大國也。孟嘗，千乘也。立千乘之義而不可陵，可謂足使矣。

齊策四：明主貴士

齊宣王見顏斶（ㄔㄨˋ chù），曰：「斶前！」斶亦曰：「王前！」宣王不悅。左右曰：「王，人君也。斶，人臣也。王曰斶前，斶亦曰王前，可乎？」斶對曰：「夫斶前為慕勢，王前為趨士。與使斶為趨勢，不如使王為趨士。」王忿然作色曰：「王者貴乎？士貴乎？」對曰：「士貴耳，王者不貴。」王曰：「有說乎？」斶曰：「有。昔者秦攻齊，令曰：『有敢去柳下季壟五十步而樵采者，死不赦。』令曰：『有能得齊王頭者，封萬戶侯，賜金千鎰。』由是觀之，生王之頭，曾不若死士之壟也。」宣王默然不悅。

左右皆曰：「斶來！斶來！大王據千乘之地，而建千石（ㄉㄢˋ dàn）鐘，萬石簴（ㄐㄩˋ jù）。天下之士，仁義皆來役處；辯知並進，莫不來語；東西南北，莫敢不服。萬物無不備具，而百姓無不親附。今夫士之高者，乃稱匹夫，徒步而處農畝；下則鄙野、監門、閭里。士之賤也，亦甚矣！」

斶對曰：「不然。斶聞古大禹之時，諸侯萬國。何則？德厚之道，得貴士之力也。

故舜起農畝，出於野鄙，而為天子。及湯之時，諸侯三千。當今之世，南面稱寡者，乃二十四。由此觀之，非得失之策與？稍稍誅滅，滅亡無族之時，欲為監門、閭里，安可得而有乎哉？是故易傳不云乎：『居上位，未得其實，以喜其為名者，必以驕奢為行。据慢驕奢，則凶必從之。』是故無其實而喜其名者削，無德而望其福者約，無功而受其祿者辱，禍必握。故曰：『矜功不立，虛願不至。』此皆幸樂其名，華而無其實德者也。是以堯有九佐，舜有七友，禹有五丞，湯有三輔；自古及今而能虛成名於天下者，無有。是以君王無羞亟（ㄑㄧˋ qì）問，不媿下學；是故成其道德而揚功名於後世者，堯、舜、禹、湯、周文王是也。故曰：『無形者，形之君也；無端者，事之本也。』夫上見其原，下通其流，至聖人明學，何不吉之有哉！老子曰：『雖貴，必以賤為本；雖高，必以下為基。是以侯王稱孤寡不穀。是其賤之本與？』夫孤寡者，人之困賤下位也，而侯王以自謂，豈非下人而尊貴士與？夫堯傳舜，舜傳禹，周成王任周公旦，而世世稱曰明主，是以明乎士之貴也。」

宣王曰：「嗟乎！君子焉可侮哉，寡人自取病耳！及今聞君子之言，乃今聞細人之行，願請為弟子。且顏先生與寡人游，食必太牢，出必乘車，妻子衣服麗都。」

顏斶辭去曰：「夫玉生於山，制則破焉，非弗寶貴矣，然大璞不完。士生乎鄙野，推選則祿焉，非不得尊遂也，然而形神不全。斶願得歸，晚食以當肉，安步以當車，無罪以

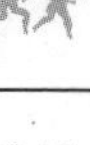

當貴，清靜貞正以自虞。制言者王也，盡忠直言者斶也。言要道已備矣，願得賜歸，安行而反臣之邑屋。」則再拜而辭去也。

斶知足矣，歸真反璞，則終身不辱也。

楚策四：倖臣妖祥

莊辛謂楚襄王曰：「君王左州侯，右夏侯，輦從（ㄗㄨㄥˋ zòng）鄢陵君與壽陵君，專淫逸侈靡，不顧國政，郢都必危矣。」襄王曰：「先生老悖乎？將以為楚國袄（ㄧㄠ yāo）祥乎？」莊辛曰：「臣誠見其必然者也，非敢以為國袄祥也。君王卒幸四子者不衰，楚國必亡矣。臣請辟（ㄅㄧˋ bì）於趙，淹留以觀之。」莊辛去之趙，留五月，秦果舉鄢、郢、巫、上蔡、陳之地，襄王流揜（ㄧㄢˇ yǎn）於城陽。於是使人發騶（ㄗㄡ zōu），徵莊辛於趙。莊辛曰：「諾。」莊辛至，襄王曰：「寡人不能用先生之言，今事至於此，為之奈何？」莊辛對曰：「臣聞鄙語曰：『見兔而顧犬，未為晚也；亡羊而補牢，未為遲也。』臣聞昔湯、武以百里昌，桀、紂以天下亡。今楚國雖小，絕長續短，猶以數千里，豈特百里哉？

王獨不見夫蜻蛉（ㄌㄧㄥˊ líng）乎？六足四翼，飛翔乎天地之間，俛啄蚉（ㄨㄣˊ wén）虻（ㄇㄥˊ méng）而食之，仰承甘露而飲之，自以為無患，與人無爭也。不知夫五尺童子，方將調鈆

（ㄑㄧㄢ qiān）膠（或作繆）絲，加己乎四仞之上，而下為螻蟻食也。

蜻蛉其小者也，黃雀因是以。俯噣白粒，仰棲茂樹，鼓翅奮翼，自以為無患，與人無爭也。不知夫公子王孫，左挾彈，右攝丸，將加己乎十仞之上，以其頸為招。晝游乎茂樹，夕調乎酸鹹（ㄒㄧㄢˊ xián），倏忽之間，墜於公子之手。

夫黃雀其小者也，黃鵠因是以。游於江海，淹乎大沼，俯噣鱔鯉，仰嚙（ㄋㄧㄝˋ niè）蔆（ㄌㄧㄥˊ líng）衡，奮其六翮，而淩清風，飄搖乎高翔，自以為無患，與人無爭也。不知夫射者，方將脩其碆（ㄅㄛ bō）盧，治其繒繳（ㄗㄥ ㄓㄨㄛˊ zēng zhuó），將加己乎百仞之上。被礛磻（ㄐㄧㄢ ㄅㄛ jiān bō），引微繳，折清風而抎（ㄩㄣˇ yǔn）矣。故晝游乎江河，夕調乎鼎鼐（ㄋㄞˋ nài）。

夫黃鵠其小者也，蔡靈侯之事因是以。南游乎高陂（ㄆㄧˊ pí），北陵乎巫山，飲茹谿之流，食湘波之魚，左抱幼妾，右擁嬖（ㄅㄧˋ bì）女，與之馳騁乎高蔡之中，而不以國家為事。不知夫子發方受命乎靈王，繫己以朱絲而見之也。

蔡靈侯之事其小者也，君王之事因是以。左州侯，右夏侯，輦（ㄋㄧㄢˇ niǎn）從（ㄗㄨㄥˋ zòng）鄢陵君與壽陵君，飯封祿之粟，而戴方府之金，與之馳騁乎雲夢之中，而不以天下國家為事。而不知夫穰侯方受命乎秦王，填黽塞之內，而投己乎黽塞之外。」

襄王聞之，顏色變作，身體戰慄。於是乃以執珪而授之為陽陵君，與淮北之地也。

楚策四：驚弓之鳥

天下合從。趙使魏加見楚春申君曰：「君有將乎？」曰：「有矣，僕欲將臨武君。」魏加曰：「臣少之時好射，臣願以射譬之，可乎？」春申君曰：「可。」加曰：「異日者，更羸與魏王處京臺之下，仰見飛鳥。更羸謂魏王曰：『臣為王引弓虛發而下鳥。』魏王曰：『然則射可至此乎？』更羸曰：『可。』有間，雁從東方來，更羸以虛發而下之。魏王曰：『然則射可至此乎？』更羸曰：『此孽也。』王曰：『先生何以知之？』對曰：『其飛徐而鳴悲。飛徐者，故瘡痛也；鳴悲者，久失群也，故瘡未息，而驚心未去也。聞弦音，引而高飛，故瘡隕也。』今臨武君，嘗為秦孽，不可為拒秦之將也。」

趙策一：擊衣報讎

晉畢陽之孫豫讓，始事范中行氏而不說，去而就知伯，知伯寵之。及三晉分知氏，趙襄子最怨知伯，而將其頭以為飲器。豫讓遁逃山中，曰：「嗟乎！士為知己者死，女為悅己者容。吾其報知氏之讎矣。」乃變姓名，為刑人，入宮塗廁，欲以刺襄子。襄子如廁，

心動，執問塗者，則豫讓也。刃其杅，曰：「欲為知伯報讎！」左右欲殺之。趙襄子曰：「彼義士也，吾謹避之耳。且知伯已死，無後，而其臣至為報讎，此天下之賢人也。」卒釋之。豫讓又漆身為厲，滅鬚去眉，自刑以變其容，為乞人而往乞，其妻不識，曰：「狀貌不似吾夫，其音何類吾夫之甚也。」又吞炭為啞，變其音。其友謂之曰：「子之道甚難而無功，謂子有志則然矣，謂子智則否。以子之才，而善事襄子，襄子必近幸子；子之得近而行所欲，此甚易而功必成。」豫讓乃笑而應之曰：「是為先知報後知，為故君賊新君，大亂君臣之義者無此矣。凡吾所謂為此者，以明君臣之義，非從易也。且夫委質而事人，而求弒之，是懷二心以事君也。吾所為難，亦將以愧天下後世人臣懷二心者。」

居頃之，襄子當出，豫讓伏所當過橋下。襄子至橋而馬驚，襄子曰：「此必豫讓也。」使人問之，果豫讓。於是趙襄子面數豫讓曰：「子不嘗事范中行氏乎？知伯滅范中行氏，而子不為報讎，反委質事知伯。知伯已死，子獨何為報讎之深也？」豫讓曰：「臣事范中行氏，范中行氏以眾人遇臣，臣故眾人報之；知伯以國士遇臣，臣故國士報之。」襄子乃喟然歎泣曰：「嗟乎，豫子！豫子之為知伯，名既成矣；寡人舍子，亦以足矣。子自為計，寡人不舍子。」使兵環之。豫讓曰：「臣聞明主不掩人之義，忠臣不愛死以成名。君前已寬舍臣，天下莫不稱君之賢。今日之事，臣故伏誅，然願請君之衣而擊之，雖死不恨。非所望也，敢布腹心。」於是襄子義之，乃使使者持衣與豫讓。豫讓拔劍三躍，呼天

擊之曰：「而可以報知伯矣。」遂伏劍而死。死之日，趙國之士聞之，皆為涕泣。

趙策四：愛子計遠

趙太后新用事，秦急攻之。趙氏求救於齊。齊曰：「必以長安君為質（ㄓˋ zhì），兵乃出。」太后不肯，大臣強諫。太后明謂左右：「有復言令長安君為質者，老婦必唾其面。」

左師觸讋願見太后。太后盛氣而揖之。入而徐趨，至而自謝，曰：「老臣病足，曾（ㄗㄥ zēng）不能疾走，不得見久矣。竊自恕，而恐太后玉體之有所郄（ㄒㄧˋ xì）也，故願望見太后。」太后曰：「老婦恃輦而行。」曰：「日食飲得無衰乎？」曰：「恃鬻（ㄩˋ yù）耳。」曰：「老臣今者殊不欲食，乃自強（ㄑㄧㄤˇ qiǎng）步，日三四里，少益嗜食，和於身也。」太后曰：「老婦不能。」太后之色少解。

左師公曰：「老臣賤息舒祺，最少，不肖。而臣衰，竊愛憐之。願令得補黑衣之數以衛王宮，沒死以聞。」太后曰：「敬諾。年幾何矣？」對曰：「十五歲矣。雖少，願及未填溝壑（ㄏㄨㄛˋ huò）而託之。」太后曰：「丈夫亦愛憐其少子乎？」對曰：「甚於婦人。」太后笑曰：「婦人異甚。」對曰：「老臣竊以為媼（ㄠˇ ǎo）之愛燕后賢於長安君。」

曰：「君過矣，不若長安君之甚。」左師公曰：「父母之愛子，則為之計深遠。媼之送燕后也，持其踵為之泣，念悲其遠也，亦哀之矣。已行，非弗思也，祭祀必祝之，祝曰：『必勿使反。』豈非計久長，有子孫相繼為王也哉？」太后曰：「然。」左師公曰：「今三世以前，至於趙之為趙，趙主之子孫侯者，其繼有在者乎？」曰：「無有。」曰：「微獨趙，諸侯有在日乎？」曰：「老婦不聞也。」

「此其近者禍及身，遠者及其子孫。豈人主之子孫則必不善哉？位尊而無功，奉厚而無勞，而挾重器多也。化媼尊長安君之位，而封之以膏腴之地，多予之重器，而不及今令有功於國。一旦山陵崩，長安君何以自託於趙？老臣以媼為長安君計短也，故以為其愛不若燕后。」太后曰：「諾。恣君之所使之。」於是為長安君約車百乘質於齊，齊兵乃出。

子義聞之曰：「人主之子也，骨肉之親也，猶不能恃無功之尊，無勞之奉，而守金玉之重也，而況人臣乎？」

魏策四：布衣之怒

秦王使人謂安陵君曰：「寡人欲以五百里之地易安陵，安陵君其許寡人。」安陵君曰：「大王加惠，以大易小，甚善。雖然，受地於先王，願終守之，弗敢易。」秦王不說

（ㄩㄝˋ yuè）。安陵君因使唐且（ㄐㄩ jū）使於秦。秦王謂唐且曰：「寡人以五百里之地易安陵，安陵君不聽寡人，何也？且秦滅韓亡魏，而君以五十里之地存者，以君為長者，故不錯意也。今吾以十倍之地，請廣於君，而君逆寡人者，輕寡人與？」唐且對曰：「否，非若是也。安陵君受地於先王而守之，雖千里不敢易也，豈直五百里哉？」秦王怫（ㄈㄟˋ fèi）然怒，謂唐且曰：「公亦嘗聞天子之怒乎？」唐且對曰：「臣未嘗聞也。」秦王曰：「天子之怒，伏屍百萬，流血千里。」唐且曰：「大王嘗聞布衣之怒乎？」

秦王曰：「布衣之怒，亦免冠徒跣（ㄒㄧㄢˇ xiǎn），以頭搶（ㄑㄧㄤ qiāng）地爾。」唐且曰：「此庸夫之怒也，非士之怒也。夫專諸之刺王僚也，彗星襲月；聶政之刺韓傀也，白虹貫日；要離之刺慶忌也，倉鷹擊於殿上。此三子者，皆布衣之士也，懷怒未發，休祲（ㄐㄧㄣ jīn）降於天，與臣而將四矣。若士必怒，伏屍二人，流血五步，天下縞（ㄍㄠˇ gǎo）素，今日是也。」挺劍而起。秦王色撓（ㄋㄠˊ náo），長跪而謝之曰：「先生坐，何至於此，寡人諭矣。夫韓、魏滅亡，而安陵以五十里之地存者，徒以有先生也。」

韓策二：白虹貫日

韓傀相韓，嚴遂重於君，二人相害也。嚴遂政議直指，舉韓傀之過。韓傀以之叱之於

朝。嚴遂拔劍趨之，以救解。於是嚴遂懼誅、亡去，游求人可以報韓傀者。

至齊，齊人或言：「軹（ㄓˇ zhǐ）深井里聶政，勇敢士也，避仇隱於屠者之間。」嚴遂陰交於聶政，以意厚之。聶政問曰：「子欲安用我乎？」嚴遂曰：「吾得為役之日淺，事今薄，奚敢有請？」於是嚴遂乃具酒，觴聶政母前。仲子奉黃金百鎰，前為聶政母壽。聶政驚，愈怪（ㄍㄨㄞˋ guài）其厚，固謝嚴仲子。仲子固進，而聶政謝曰：「臣有老母，家貧，客游以為狗屠，可旦夕得甘脆以養（ㄧㄤˋ yàng）親。親供養備，義不敢當仲子之賜。」嚴仲子辟人，因為聶政語曰：「臣有仇，而行游諸侯眾矣。然至齊，聞足下義甚高。故直進百金者，特以為夫人麤（ㄘㄨ cū）糲（ㄌㄧˋ lì）之費，以交足下之驩，豈敢以有求邪？」聶政曰：「臣所以降志辱身，居市井者，徒幸而養老母。老母在，政身未敢以許人也。」嚴仲子固讓，聶政竟不肯受。然仲子卒備賓主之禮而去。

久之，聶政母死，既葬，除服。聶政曰：「嗟乎！政乃市井之人，鼓刀以屠，而嚴仲子乃諸侯之卿相也，不遠千里，枉車騎而交臣，臣之所以待之至淺鮮矣，未有大功可以稱者，而嚴仲子舉百金為親壽，我雖不受，然是深知政也。夫賢者以感忿睚（ㄧㄞˊ yá）眦（ㄗˋ zì）之意，而親信窮僻之人，而政獨安可嘿（ㄇㄛˋ mò）然而止乎？且前日要政，政徒以老母。老母今以天年終，政將為知己者用。」遂西至濮陽，見嚴仲子曰：「前所以不許仲子者，徒以親在。今親不幸，仲子所欲報仇者為誰？」嚴仲子具告曰：「臣之仇韓相韓

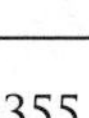

傀。傀又韓君之季父也，宗族盛，兵衛設，臣使人刺之，終莫能就。今足下幸而不棄，請益具車騎壯士，以為羽翼。」政曰：「韓與衛中間不遠，今殺人之相，相又國君之親，此其勢不可以多人。多人不能無生得失，生得失則語泄，語泄則韓舉國而與仲子為讎也，豈不殆哉！」遂謝車騎人徒，辭，獨行仗劍至韓。

韓適有東孟之會，韓王及相皆在焉，持兵戟而衛者甚眾。聶政直入，上階刺韓傀。韓傀走而抱哀侯，聶政刺之，兼中哀侯，左右大亂。聶政大呼，所殺者數十人。因自皮面抉（ㄐㄩㄝˊ jué）眼，自屠出腸，遂以死。韓取聶政屍暴於市，縣（ㄒㄩㄢˊ xuán）購之千金。久之莫知誰子。

政姊嫈（ㄧㄥ yīng）聞之，曰：「吾弟至賢，不可愛妾之軀，滅吾弟之名，非弟意也。」乃之韓。視之曰：「勇哉！氣矜之隆。是其軼賁（ㄅㄣ bēn）、育而高成荊矣。今死而無名，父母既歿矣，兄弟無有，此為我故也。夫愛身不揚弟之名，吾不忍也。」乃抱屍而哭之曰：「此吾弟軹深井里聶政也。」亦自殺於屍下。

晉、楚、齊、衛聞之曰：「非獨政之能，乃其姊者，亦列女也。」聶政之所以名施於後世者，其姊不避菹（ㄐㄩ jū）醢（ㄏㄞˇ hǎi）之誅，以揚其名也。

燕策一：求千里馬

燕昭王收破燕後即位，卑身厚幣，以招賢者，欲將以報讎。故往見郭隗先生曰：「齊因孤國之亂，而襲破燕。孤極知燕小力少，不足以報。然得賢士與共國，以雪先王之恥。孤之願也。敢問以國報讎者奈何？」

郭隗先生對曰：「帝者與師處，王者與友處，霸者與臣處，亡國與役處。詘（ㄑㄩ qū）指而事之，北面而受學，則百己者至。先趨而後息，先問而後嘿，則什己者至。人趨己趨，則若己者至。馮几據杖，眄（ㄇㄢˇ miǎn）視指使，則廝役之人至。若恣睢（ㄙㄨㄟ suī）奮擊，跔（ㄐㄩ jū）籍叱咄（ㄉㄨㄛˋ duò），則徒隸之人至矣。此古服道致士之法也。王誠博選國中之賢者，而朝其門下，天下聞王朝其賢臣，天下之士必趨於燕矣。」昭王曰：「寡人將誰朝而可？」郭隗先生曰：「臣聞古之君人，有以千金求千里馬者，三年不能得。涓人言於君曰：『請求之。』君遣之。三月得千里馬，馬已死，買其首五百金，反以報君。君大怒曰：『所求者生馬，安事死馬而捐五百金？』涓人對曰：『死馬且買之五百金，況生馬乎？天下必以王為能市馬，馬今至矣。』於是不能期年，千里之馬至者三。今王誠欲致士，先從隗始；隗且見事，況賢於隗者乎？豈遠千里哉？」

於是昭王為隗築宮而師之。樂毅自魏往，鄒衍自齊往，劇辛自趙往，士爭湊燕。燕王弔死問生，與百姓同其甘苦。二十八年，燕國殷富，士卒樂佚輕戰。於是遂以樂毅為上將軍。

宋衛策：類同竊疾

公輸般為楚設機，將以攻宋。墨子聞之，百舍重繭，往見公輸般，謂之曰：「吾自宋聞子。吾欲藉子殺王。」公輸般曰：「吾義固不殺王。」墨子曰：「聞公為雲梯，將以攻宋。宋何罪之有？義不殺王而攻國，是不殺少而殺眾。敢問攻宋何義也？」公輸般服焉，請見之王。

墨子見楚王曰：「今有人於此，舍其文軒，鄰有弊輿而欲竊之；舍其錦繡，鄰有短褐而欲竊之；舍其粱肉，鄰有糟糠而欲竊之。此為何若人也？」王曰：「必為有竊疾矣。」

墨子曰：「荊之地方五千里，宋方五百里，此猶文軒之與弊輿也。荊有雲夢，犀兕（ㄙˋ sì）麋鹿盈之，江、漢魚鱉黿鼉為天下饒，宋所謂無雉兔鮒魚者也，此猶粱肉之與糟糠也。荊有長松、文梓、楩、楠、豫章，宋無長木，此猶錦繡之與短褐也。臣以王吏之攻宋，為與此同類也。」王曰：「善哉！請無攻宋。」

中山策：反客為主

司馬憙使趙，為己求相中山。公孫弘陰知之。中山君出，司馬憙御，公孫弘參乘。弘曰：「為人臣，招大國之威，以為己求相，於君何如？」君曰：「吾食其肉，不以分人。」司馬憙頓首於軾曰：「臣自知死至矣！」君曰：「何也？」曰：「臣抵罪。」君曰：「行，吾知之矣。」居頃之，趙使來，為司馬憙求相。中山君大疑公孫弘，公孫弘走出。

中國歷代經典寶庫㉟

戰國策——雋永的說辭

編撰者——鍾克昌
編輯——康逸藍
責任企劃——洪小偉
校對——謝惠鈴
總編輯——余宜芳
董事長——趙政岷
出版者——時報文化出版企業股份有限公司
108019台北市和平西路三段二四〇號三樓
發行專線—(〇二)二三〇六—六八四二
讀者服務專線—〇八〇〇—二三一—七〇五
(〇二)二三〇四—七一〇三
讀者服務傳真—(〇二)二三〇四—六八五八
郵撥—一九三四四七二四時報文化出版公司
信箱—一〇八九九臺北華江橋郵局第九九信箱
時報悅讀網——http://www.readingtimes.com.tw
法律顧問——理律法律事務所　陳長文律師、李念祖律師
印刷——勁達印刷有限公司
五版一刷——二〇一二年十月十九日
五版三刷——二〇二〇年九月一日
定價——新台幣二百五十元

時報文化出版公司成立於一九七五年，
並於一九九九年股票上櫃公開發行，於二〇〇八年脫離中時集團非屬旺中，
以「尊重智慧與創意的文化事業」為信念。

戰國策：雋永的說辭 / 鍾克昌編撰. -- 五版. -- 臺北市：時報文化,
2012.10
面；　公分. --(中國歷代經典寶庫；35)

ISBN 978-957-13-5641-9(平裝)

1.戰國策　2.通俗作品

621.804　　101016668

ISBN 978-957-13-5641-9
Printed in Taiwan